学思集

东南大学"形势与政策"课习得
(2022年春季)

主 编:盛凌振 徐广田
副主编:杨竹山 刘宁杨

东南大学出版社
SOUTHEAST UNIVERSITY PRESS
·南京·

图书在版编目(CIP)数据

学思集：东南大学"形势与政策"课习得. 2022年春季 / 盛凌振, 徐广田主编. -- 南京：东南大学出版社, 2024. 12. -- ISBN 978-7-5766-1882-2

Ⅰ.C53

中国国家版本馆CIP数据核字第202487KR86号

责任编辑：叶　娟　　责任校对：张万莹　　封面设计：汪乘以　杨竹山
责任印制：周荣虎

学思集：东南大学"形势与政策"课习得（2022年春季）
Xue Si Ji:Dongna Daxue "Xingshi Yu Zhengce" Ke Xide （2022 Nian Chunji）

主　　编	盛凌振　徐广田
出版发行	东南大学出版社
出 版 人	白云飞
社　　址	南京市四牌楼2号（邮编：210096　电话：025-83793330）
经　　销	全国各地新华书店
印　　刷	江苏凤凰数码印务有限公司
开　　本	700mm×1000mm　1/16
印　　张	8.75
字　　数	160千字
版　　次	2024年12月第1版
印　　次	2024年12月第1次印刷
书　　号	ISBN 978-7-5766-1882-2
定　　价	50.00元

本社图书若有印装质量问题，请直接与营销部联系，电话（传真）：025-83791830。

《学思集》编审委员会

主　　任：秦　霞　　宋晓燕
主　　编：盛凌振　　徐广田
副 主 编：杨竹山　　刘宁扬
编　　委：徐广田　　李思雨　　杨竹山　　刘宁扬
　　　　　毛惠西　　潘勇涛　　吴凌尧　　杨　萌
　　　　　徐　炜　　李梦茹　　徐靓婧　　谢春芳
总 策 划：杨竹山　　刘宁扬
封面设计：汪乘以　　杨竹山

序

"形势与政策"课作为一门特殊而重要的思政课，具有理论武装时效性、释疑解惑针对性、教育引导综合性，是帮助大学生正确认识新时代国内外形势，深刻领会党的十八大以来党和国家事业取得的历史性成就、发生的历史性变革、面临的历史性机遇和挑战的核心课程，是第一时间推动党的理论创新成果进教材进课堂进学生头脑，引导大学生准确理解党的基本理论、基本路线、基本方略的重要渠道，在时效性、丰富性、鲜活性、针对性上具有不可替代的独特优势。

当前和今后一个时期，世界百年未有之大变局加速演进，世界呈现竞争优势重塑、经贸规则重建、力量格局重构的叠加态势，我国正处于进一步全面深化改革、推进中国式现代化的关键阶段。在大国博弈、社会转型的动态过程中，尤其需要"形势与政策"课帮助大学生正确认识世界大势、国家时局、社会全貌，认清当前中国发展的时代定位、机遇挑战，引导他们站稳国家立场、把握发展大势，更好地理解党和国家各项政策背后所蕴含的以人民为中心的发展思想，增进对党执政的拥护和对政府施政的支持。

从近年来批改学生们的"形势与政策"课作业情况看，绝大部分学生是认真完成我们布置的"形势与政策"课作业，有的质量还比较高，不仅反映了新时代东南大学学子的思想和智慧，也彰显了东南大学学子的家国情怀、世界眼光和青春抱负。因而，我们将优秀学生论文积集成册，付梓出版，以激发学生的积极性、增加学生的参与度和提升学生的获得感。

《学思集》分四大专题，即我们的形策课、全面从严治党、我国经济社会发展、东大记忆，彰显了东南大学"课比天大，生为首位"的育人理念。首先，凸显学生主体。《学思集》以启发学生对国内外形势政策的主动思考为主旨，提供多专题选题，满足学生个性化需求与兴趣。其次，提升学生思考问题能力。在四大专题中，引导学生增强明辨是非的能力，在此基础上，激发学生对当前国内外形势政策重大问题提出看法与观点。最后，彰显东大学子风貌。四大专题收录了青年大学生在"形势与政策"课上的真切思考与独到见解，集中反映了学生勤奋刻苦的学习状态，对广大学生具有正向激励与引导作用。不可否认，《学思集》收录的本科生的优秀论文，文笔与观点略显青涩，但集中彰显出东南大学青年学子胸怀"国之大者"情怀，秉持踔厉奋发、止于至善的奋斗精神。

《学思集》秉持"三结合"原则,力图打造思政课教师与大学生双向奔赴的重要成果。首先,专题设计与专业教育紧密结合。《学思集》在思政课程和专业教师的双重指导下,以特定专题收录大学生的思考与感悟,引导大学生自觉运用专业知识探索现实问题的解决方案,不断让大学生厚植家国情怀、练就过硬本领技能。其次,内容设计与校史校情紧密结合。《学思集》体现了"形势与政策"课与东南大学校史校情的有机结合,彰显了东南大学学子立志于在新时代新征程贡献青春力量的坚定决心,推动"形势与政策"课充分彰显铸魂育人效能。最后,理论分析与实践教育紧密结合。《学思集》鼓励大学生通过社会实践加深相关理论的认知与理解,推动"形势与政策"课有效促使大学生不断增强民族自信心和自豪感。

《学思集》启发学生思考,思想导向正确,内容设计科学严谨,注重学思结合,体现了新时代新征程东南大学学子心怀"国之大者"的优良品质,彰显了砥砺奋进、止于至善的青春风采。这既是东南大学"课比天大,生为首位"教学理念的生动实践,也是东南大学思想政治理论课教学改革创新的重要成果。

《学思集》编委会
2024.3.19

目 录

第一部分 我们的形策课

让同学们更加喜欢"形势与政策"	/韩月明 02
对当下青年学生我想说的	/于林楷 05
"形势与政策"跟"国家历史教育"有必要深入结合	/格桑白珍 08
关于党史国情教育对"形势与政策"课程的建议	/童晨晨 10
"形势与政策"心得感悟	/周 俊 13
关于高校"形势与政策"课程建设的思考	/朱 祺 16
"形势与政策"课程感想	/张昕晔 19
对于"形势与政策"课程的意见和建议	/罗俊杰 22

第二部分 全面从严治党专题

百年又百年	/孙思佳 26
泱泱中华,大国风范	/赵佳艺 29
窥镜自视,荡涤心灵	/王 萌 32
走独具特色道路,迎大国无限风光	/傅天惠 35
百年大计 继往开来	/杨永康 38
新时代中国伟大成就及个人感想	/王怡之 43
全面从严治党专题学习心得	/陈如雪 46
聚小我,成就强国的壮阔	/杨雨晴 49
一切过往,皆是序章	/郑锴懿 53

第三部分 我国经济社会发展专题

从脱贫攻坚到乡村振兴	/徐晨淼 57
浅谈新疆精准扶贫	/加依娜·吐尔逊艾力 60
基于南华县调研的全面建成小康社会重大历史意义解读	/张紫涵 63
从乡村入手，促经济发展	/王思颖 67
今天的幸福	/史猛猛 70
共同富裕：辩证关系、面临难题、实现路径	/宋佳熙 73
新时代背景下数字经济发展浅谈	/唐铭希 85
数字经济发展的挑战和机遇	/周晗昱 90
数字经济下苏州市制造业转型升级对策研究	/胡钱怡 93
东大智慧助力实现碳达峰碳中和	/龙思贵 98
碳中和、碳达峰视角下的中国经济发展	/尹 璇 101
新冠疫情对大学生就业的影响及解决措施	/蒋可意 104
新型零工经济下互联网平台对于劳动的异化	
——以"数字劳工"为视角	/王丁玎 107
新冠疫情背景下"新零售"新业态创新发展的机遇、挑战与应对策略	
	/石商祎 112

第四部分 东大记忆

回望大学四年	/魏雅轩 120
非标准结课作业	/张雨孟 123
了解国内外形势 争做时代好青年	/王旭星晨 126
世界变局中的东大学生使命	/周午凡 128

第一部分
我们的形策课

让同学们更加喜欢"形势与政策"

姓名：韩月明　　　　　　年级：2018 级
学院：电子科学与工程学院　学号：06018430

"形势与政策"课程是大学思政教育的重要组成部分，然而观察下来，同学们对该课程存在兴趣不足等问题。如何能更好地完成该课程目标，提高思政教育效果是目前各高校的共同难题。本文将首先基于教学文件与课程感受，讨论开设"形势与政策"课程对当代大学生的价值；然后基于笔者观察到的同学们上课现状，对教学对象大学生群体特点进行分析，讨论改善"形势与政策"课程教学效果的方法。

教育部于2022年3月发布《高校"形势与政策"课教学要点（2022年上辑）》，文件阐述了本学期要求实现的教学目标：指导教师及时将坚持和发展中国特色社会主义的生动实践和重要成果转化为教学案例，引导广大学生不断增强"四个自信"。具体教学案例内容包括"党的十九届六中全会精神""北京冬奥会""全国两会""经济发展""共同富裕""台海形势""气候变化""习近平总书记关于时代趋势与国际局势的重大判断"共八大内容。

通过阅读文件与学习课程，笔者感受到这些内容选择的良苦用心：所需授课内容包括了社会热点、国家发展目标等。这些教学内容让大学生在象牙塔中就能够正确把握社会发展主流趋势，认识国家利益，深刻学习国家发展战略。

从课程中，笔者感受最深的是学习如何把自身的理想抱负的小方向与国家社会发展大趋势相结合，在时代浪潮中抓住机遇，在实现个人成就的同时，推动中华民族伟大复兴。例如本学期学习内容的碳中和国家战略。2020年9月22日，中国政府在第七十五届联合国大会上提出："中国将提高国家自主贡献力度，采取更加有力的政策和措施，二氧化碳排放力争于2030年前达到峰值，努力争取2060年前实现碳中和。"这是中国政府所制定的国家战略规划。为了完成这样的战略规划，国家制定了众多政策，包括建立碳排放权交易市场、推动绿色产业发展。而作为一名电子科学与技术专业的本科生，马上要步入社会，做出人生规划。经过这次学习，我了解到了绿色产业蓬勃发展的现状与国家的支持力度，有了动力与兴趣去深入了解碳中和与本专业相联系的研究领域方向和相关企业，为未来学术、职业规划提供了新的视野与可能。

"形势与政策"课程对当代大学生的价值既有从时事中认识中国特色社会主义制度优越性，增强"四个自信"，又有一种方法论上的学习，能够学习"识时务者，为俊杰"这一古老智慧。因此，要努力提升同学们对"形势与政策"课的兴趣，进而达到更好的教学目的。要实现这一目的，有以下几科内容。

丰富课堂呈现形式。互联网内容目前以视频作为主要传播媒介，有不少有才、有趣的思政工作者创作了很多别出心裁、直击人心的思政教育视频作品。在"形势与政策"课程中，可以适当地选取一些相关视频，作为解读政策、分析国际形势的材料。

扩展课堂空间。当今国家政策不仅仅体现在红头文件中，更体现在我们所生活的校园、社区、城市中。如果有可能，可以合并课时时间，腾出完整的一天组织同学们进行实地考察，丰富扩展思政课堂空间。例如针对本学期所学习的碳中和国家战略，可以带领同学们参观我校长三角碳中和战略发展研究院，体验南京绿色减排成果，参观低碳企业。扩展课堂空间可以深切地拉近课堂与同学们生活的距离，让原本相对严肃的政策文书变成与同学们息息相关、看得见摸得着的政策成果，激发同学们参与建设的热情，共同实现国家战略。

将网络舆论进行对比分析，引发同学们积极思考。不可否认的是，如今是一个信息爆炸的时代，每位大学生都对网络舆论场很是熟悉，这些信息构成了他们生活中的舆论墙，然而这些舆论不一定正确。"形势与政策"课程带来的对社会主流大方向的把握与对国家政策的学习，可以帮助同学们明辨舆论的对错。而如果在课堂上，能够将很多网络舆论，例如知乎、微博、豆瓣等平台用户对时事热点的评论，拿出来进行分析，结合课堂内容评判是非曲直，显然能吸引大量同学参与讨论，认真学习相关内容，极大提高同学们对"形势与政策"课程的兴趣，提高同学们的思想水平。

  最后一学期的"形势与政策"是我在东南大学最后一堂课，非常有幸由杨老师完成这一值得纪念的课程，也希望自己能尽一分力，为老师提供一些启发，更好地实现"形势与政策"课程的价值。

2022 年 5 月 23 日

推荐老师：杨竹山

对当下青年学生我想说的

姓名：于林楷　　年级：2021级
学院：人文学院　　学号：13Q21113

《乡土中国》中的第一句话是：从基层上看去，中国社会是乡土性的。这是一句很正确的话，任何一个国家的社会架构，无一不是由其基层的细胞决定的。中国的乡土，中国的社会，有它不可避免的特殊性，这是由我们的先祖选择的、由我们的祖辈父辈决定的，是深深地烙印在我们的血液里面、骨子里面的。因为这是我们的，我们的土地，我们的社会。

但是世界总是这个发展，一代人有一代人的使命，一代人有一代人的奋起。青少年也是在不断成长，担负起民族的国家的世界的责任。但是我们的青年不可能是完美的，因为如果说青年是完美的，那么就可以断言：我们的青少年是没有矛盾、没有缺点的。这是很坏的结论。

没有矛盾就意味着失去了发展的动力，没有缺点就意味着不会自我革命。所以当代青年一定存在矛盾和缺点，这既是自有人类以来，所有青年的共同特点，也是这个世界自从诞生以来的所有事物的特点。

当然，青年作为时代下的青年，其矛盾也被打下了时代的烙印。但是具体的矛盾是要解决的，只有解决了具体的矛盾，青少年才能发展，才能更好地建设这个国家，发展文化、经济、军事、体育，实现时代目标，创造一个更好的世界。

一、时代特点与青年学生的特点

谈到当代青年学生的特点，便离不开青年的普遍性，其具有青年的一切共同的特点。但是正如一切具体事物都是普遍性与特殊性的结合体，当代的青年学生，也离不开其特殊性，这个特殊性往小里说，是一个一个个体的差异，往大里讲是由时代特征决定的。

时代特征决定了我们青年学生的生活环境、生活条件，决定了我们青年学生所接受的教育、所进行的娱乐活动等等，进而在生理、心理和精神三个层面塑造了我们青年学生不同于以往任何一代青年的特性。所以时代特征是不得不谈到的。

那么，当今时代特征是什么呢？这是一个很大的问题，很难概括，但是又是一个必须回答的问题，不把这个问题回答明白，接下来的一系列问题都难以解决。我个人以为可以从三个层面（经济、政治、文化）来回答。

首先是经济层面，这是最基本的层面，也是最主要的层面。从内因也就是中国内部来看，最近几年，中国经济的发展速度看似有下行的压力，但是经济发展的质量却在提升。疫情给中国经济发展带来新的难题，但总的方向是好的，我国正在逐步成为全球经济发展的重要引擎和主要动力之一。从外因来看，由于疫情的影响，经济全球化的进程在某种程度上受到了阻碍，但是作为全球经济最活跃的因素即国际资本，在进行新一轮的扩张，全球化的方向正在由以实体经济的全球化为主力军改变为以资本的全球化为主力军。

再从政治层面来讲，向国内看，目前我国的国内政治存在变与不变两个层面，一方面中国共产党作为最高领导力量和中国特色社会主义事业领导核心的地位没有变；带领中国人民求发展，以人民为中心，为中国人民谋幸福，为中华民族谋复兴的正确道路没有改变。另一方面，行政体制改革取得了巨大的进展，政府的行政体制改革进一步深化，简政放权正在逐步推行，随着中国共产党领导下的政治体制改革和中国人民的政治素养不断提升，人民的政治参与主动性和政治参与感不断增加。向外看，国际局势受疫情影响巨大，各国国内矛盾增大，为了转移矛盾，有的国家鼓吹民族主义，极端民族主义和封闭主义有抬头的趋势，各国的利益纠纷变多，国与国之间的经济政治等矛盾有加深加剧的倾向。虽然时有摩擦但和平与发展依旧是主旋律。

最后，从文化层面来看，随着疫情的有效控制和经济的不断发展，国民的自信心和民族的凝聚力在不断加强，但是外部代表资本家和西方势力的文化渗透也一直在继续，外来的文化产品在散布各种各样、良莠不齐的价值观，这是一个值得注意的问题。

回答完时代特征是什么这个问题，青年的特点是什么也迎刃而解了。我们当代的青年，享有之前任何一代青年所不具有的优越的物质条件，但是也要面对不平衡不充分发展的问题，心理上既有宏大的志向，也会有面对现实失败的迷茫，会沉迷享乐主义、消费主义和自由主义；精神上既有前辈所不具有的极度的自信和活力，也有随之而来的恐惧和自卑。这就是我对这个问题的不成熟的回答。

二、我们的社会

我们生存在我们的社会里面。亚里士多德说，人类生来适应社会。而霍布斯却说，人们不是生来适应社会的。让我们把这个艰深晦涩的问题交给哲学家吧，反正我们已经在这个社会里面了。费孝通先生说，中国的社会是乡土性的。相比于西方，我们更加安土重迁。西方的格局像柴捆，界限分明；而我们则是差序格局，石头落入水面，一圈一圈散开去。

我们正在从以民间法为主导的礼俗社会走向法理社会。我们由以自家为中心，从彼此熟悉的人当面讲话，到陌生人之间的书信甚至到网络电话……我们走过最初的荒原，走到老平房再走到摩天大楼，我们的足迹被费孝通先生称为今昔之别。我们发明出一个又一个新词，吐出费孝通先生讲到的世代之别。我们行走在我们的土地上，不断向前，留下一串质朴拙笨的足迹……

当阳光照在我们脸上的时候，我们不禁感叹，真好啊，我们活着，我们生存在我们的土地上，我们那与众不同的土地。当我们抬头，看到春的候鸟飞还，我们不禁流泪，真好啊，我们走着，我们行走在我们的土地上。

三、结论

我们青年学生在思想上要学会独立思考，独立调查，辩证思考，为实现中华民族伟大复兴而奋斗；在行动上要积极主动，发挥青年作为社会上最活跃、最开放、最具有活力的组成部分的作用，为实现中国梦而奋斗！全国的青年，团结起来！

2022 年 4 月 20 日
推荐老师：杨竹山

"形势与政策"跟"国家历史教育"有必要深入结合

姓名：格桑白珍　　年级：2018 级
学院：建筑学院　　学号：01218105

　　对于记忆效用与经验效用，作为一个经济人，我们显然应该更看重经验效用，如果把我们的国家比作是一个独立的人（即使这两者之间存在千差万别，但是从成长角度而言，是可以类似地比拟的），从历史经历的磨难方面，我们即使并不能感谢我们祖先在过去的历史上所遭受的那些苦难，但是从现如今我们国家的全方位的发展而言，它确实是造就我们现在面貌的一个老师，是成就我们国家成功稳步发展的一个重要因素。

　　就笔者对世界有限的认知，笔者万幸自己是中国人，但是作为一个承担中国未来发展的中国年轻人，我是惭愧的。现在国家的经济蓬勃发展，在国际上有一定的话语权，这都是我们的前辈辛辛苦苦攒下的成绩，可是作为年青的一辈人，很多人显得对国家的政治、历史漠不关心。在一定程度上，这是由于现在的生活环境相较过去，相较一些发生战争、发生大规模灾难的国家更安逸舒适，使我们的一些年轻人一度沉迷于网络，沉迷于游山玩水，缺乏对国家的关心与对在我们国家的历史上所发生过的那些痛苦经历的思考。那些是真真切切所发生的事情，那些是我们作为中国人而应该感同身受的事情。

　　年青一代应该要有自己的思想，应该要重视自己的国家历史，应该要确定自己的奋斗目标，躺平并不适合我们，更不适合我们国家。我们国家的成就是前辈们千辛万苦打拼出来的，我们应该努力承担我们年青一代的责任，而这其中，历史教育的重要性不言而喻。

我们国家的一些年轻人缺少对历史的理解与思考，因此，笔者觉得，政策是现实的需求，但是在了解关于这些政策的内容前，应该让学习者增加对所学内容的兴趣。在陶行知先生的养成教育思想中有这样的话："生活、工作、学习倘使都能自动，则教育之收效定能事半功倍。所以我们应该注意自动力之培养，使它关注于全部的生活、工作、学习之中。自动是自觉的行动，而不是自发的行动。自觉的行动，需要适当的培养而后可以实现。"教育就是培养习惯，由上可见，激发兴趣，培养习惯，在学习中同等重要。只有在源头上增加更多的了解与深刻的认识，才能对国家的政策与形势有更加透彻的了解。

"灭人之国，必先去其史"。对于个体而言，对自己国家历史的认识是塑造个体身份的重要过程，是个体存续与发展的重要源泉。对于群体而言，认同国家共有过的那些沉睡在历史航船上的鲜活例子是群居成功的重要因素。国家的历史教育是我们成长路上确定我们自己属于哪个国家以及整个国家是一个怎样的国家的不可或缺的教育。

让笔者坚持到现在的一个观念是，我们每个人对学习的坚持，对所热爱的事物的坚持，对所面临的困难的坚毅挺拔的坚强，都是因为心里的那个大大的信念感，是那个无坚不摧的为之奋斗的信念。可是，当我们对现实的了解不够透彻或者对所坚持的信念的外部的环境不够了解时，这一切都会崩盘。"形势与政策"课程是重要的课程，是有助于我们对我们国家的政治、政策和形势了解更加透彻的课程。开设"形势与政策"课程是提高我们思想政治素质的需要，是实现人才培养目标的需要，是我们把握国际国内形势变化的需要，是促进我们自身成长的需要，对塑造我们信念发挥重要的作用。笔者在此认为，"形势与政策"是我们大学生的重要课程，除了日常的课程内容外，还可以增加更多关于"国家历史教育"方面的内容，增强学生对历史的认识，加强学生对国家政治的关心。基于现在的教学条件，学校结合形策课程可以增加参观烈士陵园等实践活动。

2022年4月29日

推荐老师：杨竹山

关于党史国情教育对"形势与政策"课程的建议

姓名：童晨晨　　　　年级：2021 级
学院：经济管理学院　　学号：13A21805

一、现状简述

当下疫情时有局部暴发，国际局势出现动荡，自 2010 年来，以美国为首的西方社会对中国的发展加以恶意揣测和舆论渲染，给中国国内外形势增加了一丝不稳定性。高校学生作为国家未来的接班人，需要了解党史国情，关注国家政策，正确了解国内外局势，提升对党和国家的认同感和归属感。高校学生们的信息摄取渠道多为课程和网络，而现在高校学生的党团学习主要来自每周的青年大学习、每期的"形势与政策"课程，以及自主的了解。在这些学习渠道中，更加系统的、集中的"形势与政策"课程就显得尤为重要和突出。习近平主席也曾强调："学习党史、国史，是坚持和发展中国特色社会主义、把党和国家各项事业继续推向前进的必修课，这门功课不仅必修，而且必须修好。"

二、"形势与政策"课程的意义

青年是推动社会和历史前进的一种重要力量，在人类社会各阶段的发展中，青年都发挥了重要作用。而高校学生作为青年中更有潜力、更具创造性的群体，更应该拥有良好的精神面貌和人生价值取向。"形势与政策"课程依据当下时政热点及教育部高校"形势与政策"课教学要点设置教学内容，涉及对中国的经济、政治、法律、社会治理、外交等方面热点问题的介绍与剖析。本学期的"形势与政策"课程有四个专题，分别为全面从严治党、我国经济社会发展、港澳台发展和国际局势。每个专题都紧密结合了当下热点,党史国情贯穿整个课程,有助于引导学生正确面对中国机遇与问题并存的客观现实,帮助学生了解中国、了解世界,做个有底蕴、有思想、有信仰的中国人,未来更好地参加祖国建设与实现民族复兴。

三、国情盘点

中国虽然在持续不断地发展自身,但仍面临着许多的问题和矛盾。新冠疫情暴发后美国及部分国家要将新冠病毒命名为武汉病毒,宣扬"阴谋论",败坏中国形象,转移民众视线,回避关键问题。

新冠疫情自暴发以来虽然已经两年多了,但仍在局部暴发,防疫工作不可松懈。疫情对线下实体经济有着较大的打击,国家在恢复经济、激发经济活力方面需要做出更多的努力。长时间的隔离也对人们的思想产生了一定的负面影响,党和政府在加强党团建设、廉政建设的同时,也要稳定人民的情绪和思想。

中国主办的冬奥会和冬残奥会圆满闭幕,其间中国的热情好客让各国运动员感受到了中国的大国风度,有效的防疫措施也展示了中国的大国力量,这两项赛事的顺利举行让世界各国更加清晰明确地认识到中国的担当和民众的团结。

四、对"形势与政策"课程的建议

"形势与政策"课程作为党史国情教育的重要载体,在原有课程的基础上,可以尝试"稳中求变",创新教学模式、深化教学改革,强调学生在课堂中的主体地位,以学为中心,培养学生深度加工信息、主动构建知识、创新实际应用的能力。我对"形势与政策"课程有以下两点建议。

(一)增加实践内容

唯物主义认为,在实践和认识之间,实践是认识的基础,实践在认识活动中起着决定性作用。实践能够延伸和扩展课堂讲授和书本内容,能够加深学生对课程内容的理解,引发他们思考。当下疫情局部暴发,各地区高校可以根据当下情况灵活安排。如果疫情形势严峻,在安排线上授课之外,也可以设计一些线上的研讨学习活动,如模拟课堂、新闻周报、时政热点讨论等活动,让学生在了解党史国情的同时又不失趣味性。而疫情防控情况好的地区则可以考虑开展线下活动,可以通过参观爱国主义教育基地、红色革命文化阵地,以及参加听党史、读党史等各种活动,让学生充分了解党的历史发展脉络,了解当下国际国内发展形势,例如上学期四牌楼校区组织全体本科生参观"百年征程 初心永恒——中国共产党在江苏历史展"。通过有趣的实践活动来让学生真切感受党的初心,增强理想信念,加强行动自觉和责任担当,从而正确理解党的路线方针,把握国际局势变化,懂得在多变复杂的国际局势中准确识变,"识时务",成俊杰。

（二）坚持网络安全教育

在"互联网+"的教育形势下,"形势与政策"课程可以更多地使用网络资源,侧重于网络热点话题展开讨论,以基本事实为依据,用学生更容易接纳和吸收的语言和方式传播主流意识形态。当然,在结合网络热点、网络用语时也要把握好度,坚持"稳中求变"的基本原则。在教学中教会学生分辨网络信息的好坏,提高学生对繁多的、碎片化的信息的分析与整合能力,帮助学生站稳马克思主义立场,树立正确的"三观"。

五、结语

"形势与政策"课程作为党史国情教育的重要载体,要坚定不移地将"学党史、悟思想、办实事、开新局"贯穿在课程中,义不容辞地担负起教育高校青年党史国情的任务,润物细无声地将党史国情浸润在每个高校学生的心中,使其树立信仰,净化思想,强化担当,引导他们为伟大的社会主义现代化建设和中华民族伟大复兴贡献自己的力量。

2022 年 4 月 27 日

推荐老师：杨竹山

"形势与政策"心得感悟

姓名：周俊　　　　　　　年级：2018级
学院：能源与环境学院　　学号：03118620

　　这学期的"形势与政策"课程涉及国际国内形势、国内政策等宏观问题。老师通过滔滔不绝的讲述和丰富多彩的素材让我们领略到了一个真正思维活跃的人的不凡表现力。"形势与政策"课程让我们深刻地认识到，了解当今局势不仅关系到个人的发展，更关系到整个民族的复兴。

　　社会的大发展影响着个人的发展，大学生又是受社会大环境影响比较大的群体，我们未来的工作生活都受到这个社会大环境的制约。作为一名大学生，对社会的了解是必须的。随着社会经济的快速发展，因此，形势与政策也随之变化，其决定着我们发展的未来。大发展决定小发展，形势与政策的变化是必须关注的。我们未来的发展离不开社会的大环境，周围的各种变化都会影响我们的发展之路，特别是形势与政策的变化，这是一个社会制度和约束的体现，这是对我们所选择的道路与发展方向的一个约束和限制，所以我们应学会认识和把握形势与政策。形势是制定政策的依据，政策影响形势的发展。我们必须深入了解政策的原意，懂得灵活运用政策帮助我们发展，懂得变通，更应该在此基础上进行创新。同时，我们应顺应形势和政策的发展和变化去发展自我，找准自己的发展目标，结合自己的优势，选择自己的方向，依据个人目标，制定切实可行的方案，努力奋斗，不断提高个人能力，让形势与政策为我所用，形成对形势与政策的敏锐的洞察力和深刻的理解力，培养超前的判断形势与政策的胆识。

　　作为我们思想政治理论课的必修课程，"形势与政策"课程对于帮助我们大学生理解热点问题、分析当代形势无疑具有举足轻重的作用。通过几次上课时的接触，我对老师渊博的知识面、开阔的视野和精准的搜集资料的能力印象非常深刻。每次上课，伴随着老师激情的演讲，我们都感觉自己的民族之魂在燃烧。就我对形势与政策的理解，认为弄清了形势才能更加体会到国家政策的良苦用心，坚信并坚持国家的政策才能缓解形势的紧张。当前我国一些人对国家的某些合理的政策心存偏见，往往是由于自己没有对整体形势有良好的把握而失去了独立解读政策适合与否的能力，只偏信某些媒体或者某一个人的宣讲，导致很多政策不能一致地贯彻下去，造成了巨大的经济和人力浪费。同样，有一些人以根本上对国家政策进行曲解，对政策心存怀疑，这样社会和国际形势能好起来吗？我想，如果我们能够更好地、更认真地了解形势、理解政策，政府和人民间的关系一定会密切起来，全中国人才能同心协力，共同朝着中华民族伟大复兴的方向前进。

　　我认为本课程非常之有必要，因为我们大学生虽然知识来源面很广，但很少能对某一具体问题做出深刻的揭示，通过此种形式的交流后，极大地提高了我们的综合素质，开阔了我们的视野，提高了我们的社会责任感，而且学习的过程也是提高如何分析当代形势与政策能力的过程。

　　一些学生认为，"形势与政策"课程内容和自己的学习生活相距甚远，感觉不到这样的课程对自己的发展有什么好处和价值。这是因为大学生的思维虽然具有直观、活跃的优点，但是在思维的深度、广度上有所欠缺，造成对"形势与政策"课程的价值认识不够，他们在学习接受的过程中消极被动应付，导致不能达到预期的教学效果，因此，应该切实加强对"形势与政策"课程价值和重要性的教育，引导大学生正确认识形势与政策及其教育与个人发展的直接关联。需要从以下几个方面对大学生进行"形势与政策"课程价值意义的深入教育：一是形势与政策大环境决定着大学生个人的个人的发展方向和自我发展空间的上限；二是形势与政策也影响着社会对人才的需求，只有客观准确地把握形势，顺应政策，结合自己的实际情况，才能正确定位，为自己的发展确定合理的行业和职业。因此，只有对大学生进行"形势与政策"课程重要价值意义的教育，让学生真正体会到"形势与政策"课程在自身发展历程中的重要作用，才能增强学生学习这门课程的积极性和主动性，真正让党和国家的路线方针政策进入学生头脑。

以上是我学习"形势与政策"课程的体会,以及根据周围同学对这门课程的认识提出的几点建议。总之,我认为学习这门课是必要的,要使这门课真正发挥作用,不仅要学生自身加以认真对待,而且老师的教学方式、课程内容也应得到完善。

2022 年 5 月 22 日

推荐老师:杨竹山

关于高校"形势与政策"课程建设的思考

姓名：朱祺　　　　　　　　　年级：2021 级
学院：电子科学与工程学院　　学号：GS121419

"形势与政策"课是高等院校开设的一门必修公共课程，是思想政治理论课程的一个重要组成部分，但在加强"形势与政策"课程的建设，提高其教学效果方面目前还存在诸多问题。而"形势与政策"课又承担着引导大学生了解和把握基本国情与当今国内外形势政策的任务，是加强对大学生理想信念教育，促进大学生形成正确的世界观、人生观和价值观的重要步骤。同时，形势与政策教育在大学生的思想政治教育中占据着重要的地位，发挥着重要的作用，使学生将学习到的国内外形势与政策知识内化为思想，帮助学生实现健康、全面的发展。但一些学校对"形势与政策"课边缘化、淡漠化、形式主义化、虚无化的倾向成为制约高校思想政治理论课创新发展的难题，对高校落实立德树人根本任务提出了严峻挑战。对此，我想从目前"形势与政策"课面临的挑战与存在的问题、加强与改进"形势与政策"课程建设的途径这两个方面阐述我的思考。

一、目前"形势与政策"课面临的挑战与存在的问题

近年来，如何进一步增强"形势与政策"课程建设和提升教学效果，许多学校（包括本校）在课程建设方面不断深入探索，取得了骄人的成绩。然而，由于这门课程的独特性，也带来了独特的问题和困难，影响了课程教学质量和教学效果。

（一）教学内容多变，缺乏统一教材

该课程教学内容涉及面非常广，以政治、外交、经济、文化、军事等形势与

党和国家的方针政策为主要内容，还囊括大学生学习、生活、就业等问题。由于"形势与政策"课具有时效性，其教学内容处在变化与发展中，需根据国内外形势的变化而更新，因此无法编写内容固定的教材，也没有恒定不变的教学内容。

（二）教学手段单一，缺乏创新

第一，以教师讲解为主的传统模式，以单向灌输为主，缺少与学生的互动交流环节。第二，由于师生比例失调，一个教师在课堂要面对一百或几百名学生，即使是有经验的教师也难以与学生进行有效的互动，难以解决学生课上、课后所有疑问，不利于教师教学水平的提高，也无法调动学生学习的积极性。

（三）考核方式有待改进

"形势与政策"课程采取小论文方式进行考核，方式单一。由于时间和专业知识的原因，一名教师要批改几百篇小论文，不仅很难对学生学习效果进行客观科学的评价，就连学生是否有抄袭等学术不端行为都难以分辨。这无疑进一步降低了学生对课程的重视程度，也难以客观评价教学效果。

二、加强与改进"形势与政策"课程建设的途径

（一）不断更新教学内容

第一，教师在确定教学内容时，要把握社会总体形势，根据当前国内外形势和重大事件，及时更新教学内容，保证教学内容的时效性。第二，教学内容要坚持原则性和灵活性的统一。要充分考虑学生的兴趣点，根据学生的思想状况和心理特点，注重因材施教，从学生实际、个别差异出发，制定最为贴近学生的教学内容，最大限度符合学生的兴趣和思想。第三，加强教学互动，组织调查小组和讨论小组，针对重大事件设置问题，让学生自由讨论和发言，准确把握学生的思想状况。

（二）强化师资队伍

要加强"形势与政策"课程建设，必须从师资力量入手，建立一支专业的教师队伍，提高专业化水平，优化年龄结构、学历结构、知识结构，整合人力资源，最大限度优化教师队伍。首先，全力建设一支以有专业背景的专职教师为主、具有思想政治工作背景的兼职教师为辅的教师队伍，聘请有专业背景的专家、教授来校教学。其次，强调课前集体备课，强化教师对教学内容的把握，课中交叉听课，评课发现不足，课后交流反馈，互动带动发展，发挥专职与兼职教师各自优势，打造一支优势互补、合作互动、团结向上的可持续发展的教师队伍。教师要树立以学生为本的教学理念，从学生成长发展的实际出发，改变单纯灌输教学的权威

性教学方法，尊重学生，注重激发学生的主观能动性和学习积极性。最后，加强师生课上和课后互动，建立微信、QQ等沟通桥梁，强化师生关系。

（三）提高学生积极性

对于教师积极性的提升，可以从强化师资队伍建设角度着手。而学生积极性的提升，一方面要靠学校营造关注"形势与政策"课程的校园文化，让当代大学生认识到了解国情，掌握国际政治经济动态是时代赋予的职责，胸怀天下，才能承担起复兴伟大祖国的重任；另一方面需要任课教师增强课程自身的吸引力，选择契合学生需要的课程内容，组织灵活多样的课程方式，提高课堂教授艺术能力等，从而激发学生求知的欲望。当然，提升课程学分所占的比重，从功利的角度去解决这一问题也不失为一种方法，但与上述方法相比，却略显被动。

2022年4月29日

推荐老师：杨竹山

"形势与政策"课程感想

姓名：张昕晔　　　　年级：2021 级
学院：人文学院　　　学号：13A21311

  作为一门思想政治理论与实践教育课程，形势与政策是我们这些大一学生的基础性课程之一。主要的教学方式是教师选择热门话题进行专题分析，辅以学生分组研讨参与。我们的教育目的是培养社会主义的接班人和建设者，这就要求我们作为学生培养起正确的政治观，这正是该课程的重要意义之所在。限于我个人的知识和文章篇幅，难以对课程的几个选题进行深入的分析解读，只是谈谈我对课程的总体感想。

  本学期的四个专题分别是全面从严治党、我国经济社会发展、港澳台专题、国际形势，都是长期以来的经典议题，但在近年的疫情背景下，又有了新的探讨点。抗疫过程中暴露出的一些结构性问题、疫情冲击下的经济萎缩和复苏、全球疫情激化的地区问题和国际争端，都自然成为潜在的议题。我所在的小组展示的专题是我国经济社会发展。讨论过后，我们将内容范围限制在了疫情后，减少了篇幅使内容更为集中。采用的形式是趣味视频展示，这样可以在有限的时间内比较突出地展示我们的观点，优点是形式有趣、节省展示时间，缺点是难以对专题进行深入探讨。在课堂中我们发现选用这一模式的小组相当多，原因大概与我们相同。

  在搜索资料和设计展示内容的时候，我发现一些现象和我们想象的其实并不完全一致。就拿"复工复产"举例，我一开始只是简单地认为管控稍稍放开、人们回到岗位上后就能迅速提供生产并增加需求，进而改善企业经营状况和提高人民生活水平。但在准备过程中，我们发现现实中受多种原因影响，不论是个体经营户还是大小企业其经营状况都相当复杂，很难以"好""坏"一概而论。疫情的背后，还有老龄化、房价、产业链转型等等各种问题，涉及社会结构和思想文化等很多方面。

  课堂上可以发现其他几个专题也有相似的情况。我们在观看别的小组汇报时，也能听到一些新颖的观点，看到一些先前没有注意到的问题，加深了我们对社会的认识。随着我们步入社会，这些原本仅仅是呈现在书本和屏幕上的问题也会很快影响到我们的生活。可以说，尽早开始思索既是我们全面发展的要求，也是一种对我们未来生活的预演。这大概就是这门思政教育课的目的之一。

  引发我思考的不只是课堂的内容，也有课堂的形式本身。由于疫情，我们只能采取线上授课的形式，这直接限制了师生和学生的交流。网络虽是"高速公路"但也是"壁垒"，如何跨越这一壁垒的阻隔是所有课程都避无可避的问题。另外，当下信息来源广泛、传播途径多样、速度快、时效性高，我们很轻松就能获得各类当前的国内外信息，但这也意味着以偏概全、片面甚至是完全错误的言论也更容易传播；同时，我们所能接受的矛盾信息过多，使我们被迫怀疑、辨析其真假，有些人疲于怀疑而成了固执己见者，有些人过分怀疑而成了阴谋论者，部分人甚至达到了认为"万言皆虚"的程度，对外界信息完全失信，现在媒体的乱象更加加剧了我们的不安。在这样的环境下，思想的沉淀就显得十分困难。这时候，如果要让我们完全自由地通过我们搜集的信息去构建自己的知识体系，我认为是不现实的。或许有少数同学能保持清醒的认识，但大多数还是会多多少少存在偏颇和误解。但如果全部由教师进行理论灌输，且不说教师的观点是否句句在理，单论学生又有多少人会心甘情愿全部接受呢？这种传统的"填鸭式"教学也是不可取的。

  因此，我认为必须在线上授课的限制下保有学生相当程度的参与度，为学生提供及时的指点，同时也要给学生以一定的自由，让学生能独立思考，起到大学教育的作用。但是这也不过是一句空话，具体应该怎么实施、学生和老师的作用到底如何分配，这些都是课程教学面临的真正问题。在这方面，我认为我们的"形势与政策"课的设计相当优秀。

  为什么我认为我们这门课的教学模式设计相当优秀？首先，学生的兴趣和参与度得到了保证。让我们根据课题按小组搜集资料、进行展示，在上课前就把我们的目光引向形势政策，让我们自己进行讨论和解读，使得我们能有效参与到课前学习中，并在之后的课堂上也会更加容易获得共鸣。而在上课的一开始就安排展示环节，能够提起听课的同学的兴趣。其次，在展示结束后对各组的展示进行分析点评，能够对可能的问题进行及时修正，这也为师生沟通提供了直接的渠道。最后，有效利用网课这一形式进行多媒体教学，在某种程度上对传统教学实现了突破。

相当优秀并不代表完美无缺，就我个人来看，课程设计还有一些能够改进的地方。如展示结束后，我个人认为教师可以进一步增加针对每个小组讲评解读的时间，使学生的认识能够更加清晰、深刻；在布置展示作业的时候，教师也可以进行一些提点，预防可能出现的跑题、偏题情况，也给学生们一些寻找资料的方向或点燃灵感的火花。

实际上，我们课堂学习的时间相当有限，能讲的专题也只是现实政治的一小部分，其背后的相互关系和历史渊源等更是难以触及。要通过听这一门课真正深入了解国家大政和世界局势，那是不可能的。归根到底，我们能从课程中学到的只是一些基本的观点和看待问题的方法，但这些观点和方法会为我们今后的时政观察、思考甚至是参与提供参考，进而帮助我们形成自己的知识体系。这就要求我们把课堂延伸到更远的生活中去，这正是教育的更高方式。

大学之道，在明明德，在亲民，在止于至善。通过形势与政策的学习，我们能更好地了解我们所生活的社会、我们所生活的世界，从而完善我们的思想体系，更好地融入社会中，向"至善"的目标更进一步。

2022 年 4 月 28 日

推荐老师：杨竹山

对于"形势与政策"课程的意见和建议

姓名：罗俊杰　　　　　年级：2021 级
学院：经济管理学院　　学号：14C2119

  经过这学期对"形势与政策"这门课程的学习，我对国内外的形势与政策有了更深刻、更全面、更真实的了解，虽然只是短暂的几节课，但却使我受益匪浅，感触良多。"形势与政策"课是高校思想政治理论课的重要组成部分，是对我们学生进行形势政策教育的主要渠道、主要阵地，是我们每个大学生的必修课程，在我们大学生的思想政治教育中担负了重要的使命，具有不可替代的重要作用。它更好地贯彻落实了中央的有关精神，有助于我们当代大学生关注热点问题，帮助我们掌握正确分析形势的立场、观点和方法。但是在"形势与政策"课堂教学中，我发现大部分学生并不是很积极，要么懒散地在教室里睡觉，要么玩手机，要么看课外书籍等等。当我试着以一个学生的角度去分析这个现象时，我发现，大部分同学在没上这门课之前就预先地认为这门课没意思、没用，所以上课没劲。可以看出，导致这一现象的主要原因，就是学生对于这门课的教学内容、目标和"有用之处"没有一个清楚而正确的认识。因此，我认为老师要想上好"形势与政策"课，首先需要提高学生对这门课的兴趣和积极性，讲清楚这门课的"有用之处"，让我们知道通过学习这门课能收获些什么。那么，"形势与政策"这门课到底有什么用呢？说到底，老师能教给我们什么呢？

  "形势与政策"这门课是对学生进行形势与政策教育的主渠道、主阵地，其主要任务是帮助大学生认清国内外的形势，全面准确地了解、掌握党和国家的路线、方针和政策，增强大学生建设中国特色社会主义事业的自信心和责任感。这当然是高屋建瓴的概括，但如果老师照抄照搬、机械地讲授"形势与政策"这门课，肯定很少有同学想听，而如果换一种思路，从提高大学生能力与素质的视角探讨"形势与政策"课的教学目的，会更有吸引力和说服力。国家和社会的形势与政策连着各行各业，连着千家万户，与每个人的学习、工作、生活息息相关。作为大学生，更应该站在时代的最前列，把握时代发展的脉搏，科学分析、理性思考、准确判断国内及世界局势，这是当代大学生综合素质的内涵之一。"两耳不闻窗外事"，闭目塞听，对世界和国家的形势发展、对党和政府的方针政策一无所知的人决不会成为一个合格的、有发展前途的人才。对"形势与政策"教育必要性、重要性的分析，既要有理论高度，又要辅之以恰当的论证，与大学生能力素质的提高紧密结合起来。由此出发，我们可以得出，"形势与政策"这门课是能力素质教育与科学方法论教育的有机统一。

"形势与政策"这门课老师到底该怎么教，是一个争论比较多的问题，有的主张"讲座式教学法"，采用讲座的形式上课；有的主张引进"案例教学法"，使课程更为生动，有的主张"互动教学法"，充分调动学生的积极性；有的主张"实践教学法"，更多地让学生深入社会调查研究。应该说，上述这些主张都是教学实践中的有益和成功的探索，都值得我们根据自身实际学习借鉴。然而，作为课程化教学的"形势与政策"课，仅仅用上述某一种教学法，显然是不够的，"怎么教"必须与"教什么"结合起来。对此，我认为，教学有道、教法无常，"形势与政策"课教学要鼓励"八仙过海，各显神通"，同时也要遵循以下几个原则：

第一，理论与实际相结合。"形势与政策"这门课所讲授的内容，以具体的事件、政策、社会现象为主，而不像其他思想政治理论课，有很清晰的理论脉络和讲授线索。所以如果"形势与政策"课干巴巴地讲事件、政策等实际问题，那就没味道了，似乎也"没有必要"了，因为我们完全可以通过各种现代传媒了解到正在发生的一切。其实，单纯地罗列时政，本身也不符合"形势与政策"这门课的初衷，不符合形势与政策教育的要求，不能满足对学生进行科学的形势观、政策观及科学方法论教育的要求。因此，"形势与政策"课决不能就事论事，一定要因势论理、因事论理、事理结合，把理论阐释与实际问题分析紧密结合起来，让我们既知其然，又知其所以然，彰显"形势与政策"课的魅力。

第二，历史与现实相结合。如前所述，"形势与政策"课所讲授的都是现实生活中的时政热点问题，需要事理结合，进行理论分析。但光有这些还不够，还需要有历史感，将现实问题与历史分析结合起来。因为任何社会现实问题都不是凭空产生的，都有深刻的历史背景，都有一个发展变化的历史过程，如果我们不了解现实问题的历史背景及发展变化过程，就很难对其有全面和较为深入的理解，"形势与政策"这门课就很难达到预期的效果。所以，如果老师在教学中忽视问题的历史与背景进行传授，在某种意义上就是一种"半截子"教学。因此，在教学中，老师既要重视时政问题的横向联系，又要重视纵向联系，不仅要告诉学生现实问题在当下是什么形态，还要告诉学生在历史上它是什么形态，是如何发展演变而来的。

第三，讲授与对话相结合。信息时代，随着互联网技术的深入发展，现代传媒日益发达，人们获取信息的途径更加便捷，对信息的依赖程度也越来越高，当代大学生思维敏锐、思想活跃，利用现代传媒获取信息的能力越来越强。基于这一特点，"形势与政策"课的内容对于他们而言并不陌生，有的甚至非常熟悉，并都有自己的看法、意见和建议，这就要求"形势与政策"课教学不能搞"满堂灌"的填鸭式教学，而是必须充分调动并发挥学生的积极性和潜力，让学生充分参与到课堂教学中来。因此，在课堂教学中，要给学生讨论和发表自己观点的机会，同时对学生比较片面的观点给予恰当的引导，这样，课堂教学才会有声有色、充满活力、富有魅力。

第四，教学与实践相结合。如前所述，"形势与政策"课的教学内容具有非常显著的现实性特点，基本上都是当前的热点问题。这些社会热点就发生在我们身边，能够切身感受得到，都可以进行调查研究。因此，"形势与政策"这门课不能关起门来搞教学，不能"两耳不闻窗外事，一心只教圣贤书"，而要把课堂上讲与走出去看结合起来，让学生带着问题到社会上进行调查研究，然后把调研心得带回到课堂，实现理论升华。这样既可以开阔视野、增长见识、拓宽思路，让学生对课堂内容有切身的体会，又可以丰富教学的载体和内容，增加教学的吸引力和感染力，增强教学的效果。

最后，我想说，学校开设的"形势与政策"课非常必要。因为，高等学校形势与政策教育是高校大学生思想政治教育的重要内容，对提高大学生综合素质、开阔大学生胸怀视野、增强大学生责任感和大局观有十分积极的影响，它使大学生更深刻地认识了世界，认识了中国，认识了自身与世界的差距以及自身的不足，使其在思想上迈进了一大步。

2022 年 4 月 27 日

推荐老师：杨竹山

第二部分
全面从严治党专题

百年又百年

姓名：孙思佳　　　　年级：2021 级
学院：经济管理学院　学号：13A21801

　　百年又百年，1921-2021 年，是党的第一个百年，而下一个百年始于当下，始于我们。一代人有一代人的使命和担当，我们既生于盛世、长在繁华，定要传承延续这国泰民安。先辈们打下这江山，守护和壮大便是我们这一代的责任了。

　　百年来，我党跨过江河，越过雪山，穿过草地，一步步成长，一点点壮大，逐渐成为世界第一大党。中国从挨打到有能力去保护其他弱小，从被大国孤立到自己成为大国，从当初的任人摆弄到如今的绝对独立，从国家被迫分割到一步步实现祖国统一，从经济依赖到独当一面……雪洗百年耻辱，书写盛世华章，每一笔一画都凝结着无数人的心血，每一幅盛世之画中都少不了一种颜色——红色。这是华丽喜庆的象征，也是先辈们努力的结果。如今，五星红旗飘扬在世界，飘扬在外太空。

　　盛世华章由人民书写，却离不开党的领导。中国共产党是中国特色社会主义事业的领导核心，办好中国事情，关键在党。1978 年，进行的改革开放，带领中国发展到新的高度。至今，在党的领导下，我国经济持续发展，即使在疫情肆虐全球的阶段，我党也能迅速作出相应决策并实施，最大限度控制疫情，最早实现经济回暖。我想，这也许就是中国共产党领导的优势所在。

　　中国共产党始终坚持全心全意为人民服务的根本宗旨，始终代表最广大人民的根本利益，始终在不断建设自我，不断完善自我，全面从严治党，以最好的面貌、用最适当的方式来面对群众，来解决问题，始终把人民放在第一位。而人民群众对于党的信任和忠诚也很重要。我们党和人民是双向奔赴，人民群众相信党，紧跟党的步伐；中国共产党坚持为人民做实事，对人民负责，双箭头的爱才能有美好的未来。

　　作为新时代新青年的我们，应该担当起民族复兴的重任了。曾很多次听过这样一句话："'90后''00后'，是废掉的一代。"但是，我们可以看到，在疫情暴发时，很多二十岁不到的青年毅然奔赴前线，有人骑自行车赶往武汉，有人晕倒在岗位上，有人剪掉悉心保养的长发，有人皮肤溃烂仍坚守岗位，……要知道，他们也还是孩子，他们也是父母的宝贝。在我看来，没有什么废掉的一代，每一代人都在好好努力，每一代人努力的方式和条件不同，但这不是我们去否定别人的理由。以前，世界是你们的，但未来是我们的，是所谓的废掉的"90后"和"00后"的。我们也有理想，并在为之不断奋斗。

　　生逢盛世，何其有幸。我们生在红旗下，长在春风里，一直在温暖的怀抱中长大，但是虽然我们长在温室里，却并没有养成娇惯的性格。我们有着崇高的信仰，我们有着初生牛犊不怕虎的勇气，我们也有着优越的发展环境，我们不该也不能自我放弃，而应积极向上，不断学习，提高自身素养。

　　我们或许年纪还小，或许社会阅历没有老一辈多，但是社会在发展，时代在进步，新事物在不断涌现，正因为我们还年轻，对于新事物的接受能力要强于老一辈；竞争也在加剧，需要新血液的加入，需要创新思维，而这一切使年龄小成为一种优势。不可否认，很多社会岗位需要资历丰富的人才，但是随着网络化智能化发展，很多岗位相对来说年轻人更能胜任，除此以外，同龄人更懂同龄人，能更好地合作共赢。

　　诚然，我们这一代游戏盛行，小说追星占据生活的一部分，貌似"娱乐至上"。但事实上呢？学校里在内卷、考研内卷、考公内卷，我们真的是"娱乐至上"吗？其实，我私以为我们这一代是"拎得清"的，是有自己的血性的，或许我们没有经历过长征的磨难，没有经历过战争的残酷，但是每一代有每一代的责任和担当，只是我们的压力是隐形的，没有那么直观罢了。或许我们幼稚，遇事爱钻牛角尖，但是那只是我们对于真相的一种追求方式。我们会接受批评，我们会改正，只是我们也有自己的考量，年纪不能代表一切，在如今信息化的时代，我们了解信息的途径要远广于老一辈，对于现状的判断和分析我们不一定不如他们。我们或许很疯狂，或许爱玩闹，但我们没有忘本。

生于盛世的我们，也会去了解往日的苦难，知晓党的伟大，将马克思主义、共产主义等作为我们的信仰。我们以党员标准严格要求自我，我们渴望着成为党组织的一员，我们会接过时代的旗帜，让它一直随风飘扬。或许，我们会经历挫折磨难，但是，种子在发芽之前是在土里的，只有当它在春天用力冲破束缚之后，才会长大发芽。区区挫折，何足挂齿。我们应该牢固贯彻落实党的精神，不畏惧磨难，迎难而上。少年的热爱各有不同，但我们都会有同一个信仰、同一个梦想，会凝聚成一股力量，顺风也好，逆风也罢，我们都始终相信，民族复兴不只是梦，民族复兴指日可待。

　　我们将用事实去证明：我们从来都不是"废掉"的一代。我们接受着高质量的教育，我们有着好的素养，无论是科学素养还是道德素养，我们有着更优渥的条件，我们接触到更丰富的世界，我们有着更广阔的视野，有着更为理性清醒的认识，我们紧跟党的步伐，清楚未来的发展方向，我们也心系人民，我们也继承弘扬了中华民族精神，我们未来可期。热爱各有不同，青年本该如此，每一代逐日移山的青年都有自己奋不顾身的热爱，每一份炽烈的热爱都值得被用心对待。我们的热爱或许很多，但总有一个共同点：为中华民族伟大复兴而奋斗。百年征程，仍在继续，会有无数个百年盛世，在党的领导下，未来将在青年的手中熠熠生辉。

2022 年 4 月 25 日

推荐老师：杨竹山

泱泱中华，大国风范

姓名：赵佳艺　　　　　年级：2021 级
学院：经济管理学院　　学号：14421112

作为一名当代新青年，我一直心知不能"两耳不闻窗外事，一心只读圣贤书"，一直明了不仅要关心个人小事更要关注国家大事，但老实说之前一直觉得"形势与政策"这一上升至国家乃至国际的概念对于作为普通在校生的我们而言是宏大且空泛的，甚至是遥不可及的。而通过对学校开展的形策课学习无疑打破了我过去一直以来的误解，虽然只有短短四次的课程，却让我对党政之制度治理、经济社会之发展、港澳台之工作开展、外交之国际形势等多个方面都有了或多或少的了解，同时更让我切身体会到"泱泱中华，大国风范"这短短八个字背后的深刻内涵。

一、大党之治理

正如习近平总书记所言，在新的形势之下，我们党也面临着更多的挑战，在党的内部更是存在着许多亟需解决的问题，尤其是贪污腐败、脱离群众、形式主义、官僚主义等等。全面从严治党这一战略的明确提出是以习近平同志为领导核心的党中央从历史、环境、条件等多重变化因素出发，深刻总结和部署的对我们党政之制度治理的战略，在党的历史上将从严治党推上了一个新的高度和阶段。在这个新的阶段中，我们无疑会面对很多新的困难与挑战，经历很多新的风险与考验，但我相信在坚持推进全面从严治党的道路上，我们党必然会成为中国特色社会主义事业强有力的领导核心，党员干部会带领人民群众有效应对和化解将遇到的一切艰难险阻，顺利实现我们的一个又一个目标。通过全面从严治党的教育学习，我明白了作为当代新青年的我们也同样需要做到严守纪律、乐于奉献，努力成为一名优秀的新时代新青年，成为一名优秀的东大人。同时要注重提高自身的政治敏锐性和鉴别能力，积极跟随党的指引走向属于我们的未来，为大国之治奉献自己的绵薄之力。

二、大国之实力

在时代之变和疫情的双重叠加打击之下，世界进入了一个动荡变革时期：全球经济复苏分化失衡，各国经济复苏进程差距明显，复苏之路坎坷不平；世界经济供应链恢复遭遇逆风大环境，经济供应链难以复原；通货膨胀以各种方式、各种途径影响着我们生活的方方面面，加剧祸害着全球……从全球来看，大多数国家的经济明显随着疫情和防控形势变化而起伏不定，"逆全球化"的思潮让世界经济面临着新的挑战。不同于以美国为主要代表的西方发达国家的一味依靠本国宽松的货币政策使得国际资本无序流动加剧、自身陷入经济危机还要把原因归结到经济全球化失控，同时诽谤中国不公平竞争的恶人行径，中国在自身快速恢复生产、提振国内消费的同时还始终源源不断地向外输出着推动世界经济复苏的中国能量，坚定不移地助力世界经济的复苏，成为2022年在疫情肆虐的大背景中世界经济的一抹亮色。在这世界经济的动荡期，我国始终坚持改革开放，努力处理好本国事务的同时还一如既往地同世界其他各国携手并进、共克时艰，一直为全球经济复苏和发展做着贡献，这一切都来自中国面向世界、面向伙伴的大国实力。

三、大国之团结

自香港、澳门回归祖国以来，我国一直践行"一国两制"的政策，使得香港、澳门在回归后保持长期繁荣稳定。在政策层面上，我国深化内地和港澳的交流，始终坚定支持香港、澳门积极融入国家发展的大局，重点推动粤港澳大湾区建设、粤港澳合作、泛珠三角区域合作以全面推进内地与港澳地区的开放合作、互利共赢；在社会层面上，我国积极完善便利港澳居民在内地发展的各项政策措施，同时坚持爱国者为主体的"港人治港""澳人治澳"，积极发展壮大爱国爱港爱澳力量，旨在培养增强港澳同胞的家国意识和爱国精神。面对台湾问题，在处理两岸关系时，我国的立场和原则更是坚定不移。我们坚决反对和遏制"台独"分裂势力，始终坚持一个中国原则，决不允许任何人、任何组织、任何政党在任何时候以任何形式任何手段将任何一块属于中国的领土从中国分裂出去。针对"两岸关系将走向何方"这一问题，答案是也只能是必将统一，因为台湾属于中国这是不可更改的事实。国家对港澳台工作的重视和积极行动背后所体现的在我看来正是中华民族的团结与凝聚力，也正是这样的团结力量推动了港澳台各地的繁荣与美好发展。而我们所需要做的，就是站在历史正确的一边，共同努力完成祖国的统一伟业。

四、大国之担当

由于各种各样的不确定因素以及非传统安全因素，国际形势一直都是复杂且多变的。从国际形势看，当今世界正经历百年未有之大变局，国际关系更是在深刻变化中，国际环境日趋复杂，这无疑给我国的外交政策带来了多重挑战。习近平主席在博鳌亚洲论坛2022年年会的开幕式上提出"全球安全倡议"，强调人类是休戚与共的命运共同体；中国常驻联合国代表呼吁巴以冲突方保持克制，呼吁帮助叙利亚改进安全、经济和人道局势，呼吁国际社会帮助大湖地区国家应对挑战……这就是中国的担当。中国在国际上的地位不断提高，在国际事务中的影响力不断增大，成为国际舞台上的一支重要力量。

短短四课时的"形势与政策"课程的学习，让我见证了如今强盛的祖国所展现出的是自信，是实力，是团结，更是担当。也正是这些使我内心深处有着真切的触动，作为一名新时代青年，作为一名当代大学生，我也是由衷地感慨"泱泱中华，大国风范"！

2022年4月27日
推荐老师：杨竹山

窥镜自视，荡涤心灵

姓名：王萌　　　　年级：2021 级
学院：建筑学院　　学号：01121316

习近平总书记在中共第十九次全国代表大会上曾说过："人民群众反对什么、痛恨什么，我们就要坚决防范和纠正什么。""开弓没有回头箭，反腐没有休止符"，反腐倡廉，从严治党一直是我党不断自我反省、自我修正的措施，也是我国能够不断良好发展的重要因素之一。全面从严治党，中国共产党一直在路上。

"能否廉洁自律，最大的诱惑是自己"。从我国一直坚定不移全面从严治党、反腐败的有力举措中，我看到的是党作为中国人民的主心骨的自我反省，也能够体会到自我反省、自我审视是治愈自我的一剂"苦口良药"。

韩非子曾说："法不阿贵，绳不挠曲。"反腐倡廉，自古有之。

"清心为治本，直道是身谋。秀干终成栋，精钢不作钩。仓充鼠雀喜，草尽兔狐愁。史册有遗训，毋贻来者羞。"北宋清官包拯是反腐倡廉的旗帜标杆。他在故乡任知州的时候，亲戚认为有他撑腰，就为非作歹。但包拯非但不因为是自己的亲戚而护着他们，反而大义灭亲，以此警示。包拯任职端州时，对于用端砚贿赂朝廷权贵的行为深恶痛绝，"岁满不持一砚而归"。

"千锤万凿出深山，烈火焚烧若等闲。粉身碎骨浑不怕，要留清白在人间。"明朝名臣于谦在青年时代就曾用《石灰吟》抒发自己"两袖清风"的贞洁情操。于谦在河南、山西巡抚任上进京公干时，同僚劝他说："你虽然不献金宝、攀求权贵，也应该带一些地方上的土特产如线香、蘑菇、手帕等物，送点人情呀！"于谦笑着举起两袖风趣地说："我带有两袖清风！"

"乌纱掷去不为官，囊橐萧萧两袖寒。写取一枝清瘦竹，秋风江上作渔竿。"郑板桥为官也是两袖清风，十分清廉。古代也有很多君王严厉打击贪官和腐败现象。面对官员欺压百姓，朱元璋勃然大怒：只要犯赃，一律杀头！面对腐败的官员，雍正赶尽杀绝，毫不留情。

在反腐倡廉的路上，"一视同仁"是成功的关键。

2020年，中央纪委国家监委公布了18名中管干部接受审查调查的消息：福建省委常委、省政府副省长张志南，公安部党委委员、副部长孙力军，文化和旅游部党组副书记、副部长李金早等相继落马。在中央纪委国家监委网站发布的《查处民生领域腐败和作风问题10.46万起》文章中提到：2020年1月至11月，各级纪检监察机关查处民生领域腐败和作风问题10.46万起，批评教育帮助和处理14.95万人，其中党纪政务处分9.2万人。2020年，疫情没有阻挡追逃追赃的脚步，1月至11月，"天网2020"行动追回外逃人员1229人，其中"红通人员"28人，追回赃款24.45亿元。

习近平总书记在讲话中强调，反腐败斗争要以"猛药去疴、重典治乱"的决心，以"刮骨疗毒、壮士断腕"的勇气进行到底。而再将视角拉回到当今的局势。随着全面从严治党、反腐倡廉工作的层层推进，无论是"苍蝇"还是"老虎"，都通通落网。我国在全面从严治党的工作中，从来都是坚持所有官员一律平等对待，只要腐败，不论轻重，不管是地方的小官还是中央的核心官员，都必须处理。

然而，不只是党内需要进行全面的反腐倡廉，在我们社会的各个行业各个方面都需如此。娱乐圈逃税漏税的每一桩例子都是刻骨铭心的教训。娱乐圈的明星拿着天价的片酬，却控制不住自己的欲望，做出偷税漏税的行为。范冰冰因阴阳合同被追缴的税款、滞纳金和罚款，共计近9亿元；邓伦因逃税漏税，被罚款1.06亿元；郑爽追缴税款、收滞纳金并处罚款共计2.99亿元……这些事实告诉我们"纸包不住火"的朴素道理，公平和正义永远会让利欲熏心的腐败和贪婪原形毕露，无处遁形。

建立在虚假基础上的人生，一经风吹雨打就会瞬间崩塌。守住我们内心的道德底线，我们的事业才能够坚如磐石。2017年5月2日，伶仃洋上烟花一片，掌声和欢呼声交织在一起。但是港珠澳大桥的总工程师林鸣在面对16毫米的误差时却并不开心，他选择返工，最终将误差降低到了不到2.5毫米。其实16毫米的误差完全可以认为是成功了，但是林鸣并不想要欺骗自己，他说："如果我们不精调，将会成为终生的遗憾。"他的诚实面对，不仅实现了他对于自我的突破，也让港珠澳大桥成为中国技术和工程史上的一次极限飞跃。

  我们也应该让愈多人具有清白贞洁、自我反省、自我监督的良好品德。作为新时代的大学生，我们要做到不断地自我反省，做到诚信二字。在日常的学习上，在学术上，都要做到诚信二字。我们既应将古今清廉的例子铭记在心，也应将那些反面例子作为警醒自己的利剑。

  康德曾经说过："在这个世界上有两样东西，值得我们仰望终生，一是我们头顶的星空，二是人们心中高尚的道德法则——诚信。"国家从严治党让诚信清廉之风吹遍全党。同样我们也应该在内心中高悬明镜，时常窥镜自视，只有这样我们才能够直视自己的内心，看清内心深处的欲望与涌动，并时刻保持清醒，时刻坚守自己的道德底线，荡涤内心。也只有这样，从自我到社会，再到国家，清廉自律的号角才能响彻大地。

2022 年 4 月 23 日

推荐老师：杨竹山

走独具特色道路，迎大国无限风光

姓名：傅天惠　　　　　年级：2021 级
学院：能源与环境学院　　学号：03421115

习近平总书记在庆祝中国共产党成立 100 周年大会上发表重要讲话，向世界传递出坚持和发展中国特色社会主义的坚定决心和信心："中国共产党和中国人民将在自己选择的道路上昂首阔步走下去，把中国发展进步的命运牢牢掌握在自己手中！"从站起来、富起来，到强起来，中国共产党统揽伟大斗争，引领伟大工程，紧紧把握时代的脉搏，直到今天，中华民族向世界展现的是一片欣欣向荣的气象，并正以不可阻挡的气势走向新的时代，迎来第二个百年奋斗目标。不论何时，我们都一直坚定不移地走自己的路。正如习近平总书记指出的："中国幅员辽阔、人口众多，要想发展振兴，最重要的就是立足国情、走自己的路。"

走自己的路，即要有自己的思想并植根于自己的信仰。法国思想家卢梭说过："人是一个有思想的芦苇。"在我看来，思想上升到国家层面即传统中华文化及各时代提出的理论体系。中国传统文化是民族之基，是中华之魂，是它，让我们的抉择有依托，行动有积淀。虽然新时代有新的思想，但坚持中国共产党的领导从未改变，经济建设的中心从未改变，枪杆子里出政权的忠告从未忘记，强军强国正在路上。全党增强"四个意识"、坚定"四个自信"、做到"两个维护"，以中国式现代化推进中华民族伟大复兴。共产党考虑的总是人民最根本的利益，总是以人为本，想要广大人民有美好的生活，满足广大人民的需求。疫情猖獗之时，国家珍重任何一个流着红色血脉中国人的生命，不看名，不看权，只看那四个字——

中华儿女。真正诠释了"人民就是江山，江山就是人民"。

走自己的路即要认清自己，正视自己。《道德经》中老子说过："知人者智，自知者明。"中国特色社会主义，强调中国特色，我们需要学习他人，但不是照搬照抄；我们需要模仿他人，但不是盲目摘抄全部。这就需要我们有正确的历史观，不仅要看现在的国际形势怎么样，还要端起历史望远镜回顾过去、总结历史规律、规划把握未来。新民主主义革命时期，我们党一开始想走苏联那样从城市开始的路，但实践证明这条道路走不通。通过总结经验教训，以及对国情的深化认识，找到了以农村包围城市、武装夺取政权的正确道路。新中国成立后，我们党在一开始仍然注重学习苏联，但后来发现苏联模式也存在问题，进而开始探索中国自己的社会主义建设道路。党的十八大后的首次出京考察，习近平总书记提出深邃思考："我们建设现代化国家，走美欧老路是走不通的，再有几个地球也不够中国人消耗。"所以，在中国式现代化道路上，我们党带领人民推动物质文明、政治文明、精神文明、社会文明、生态文明协调发展，充分展现了"人与自然和谐共生"。绿水青山就是金山银山，治理与建设相结合，创造了中国式现代化新道路，创造了人类文明新形态，打破了"现代化＝西方化"的神话。

走自己的路意味着创新。《礼记》中云："苟日新，日日新，又日新。"百年来，党领导人民披荆斩棘、上下求索、奋力开拓、锐意进取，不断推进理论创新、实践创新、制度创新、文化创新以及其他各方面创新，敢为天下先，走出了新路。从新中国成立初期连火柴、铁钉都要依靠进口，到量子通信、人工智能、5G等领先世界，再到"神舟"遨游太空、"祝融"探测火星、"天宫"空间站建造、"蛟龙"入海等，中国正在努力走好高水平科技自立自强之路。

国家要走自己的路，我们每个人也要走自己的路。涓涓细流齐入海，芸芸众生齐入世，我们要翻滚出独属于我们自己的浪花。人生要留痕，不是自己的，又怎会有独一无二的痕迹，只不过是将原有的痕迹加深了而已。但不管如何，我们个人小的航线最后都要汇入祖国母亲的大海，为中国特色社会主义建设贡献自己的力量。

走自己的路要有大局意识，我们走自己的人生之路时要着眼国家的需要，而一个国家走自己的特色之路时则需要着眼整个世界。正确的大局观，不仅要看到现象和细节怎么样，更要把握本质和全局，才能避免在林林总总、纷纭多变的国际乱象中迷失方向、舍本逐末。我们这条社会主义之路之所以越走越宽阔，是因为党始终以世界眼光关注人类前途命运，从人类发展大潮流、世界变化大格局、中国发展大历史中正确认识和处理同外部世界的关系。坚持开放、不搞封闭；坚持互利共赢、不搞零和博弈；坚持主持公道、伸张正义。站在历史正确的一边，站在人类进步的一边，既通过维护世界和平发展自己，又通过自身发展维护世界和平，同世界上一切进步力量携手前进，不依附别人，不掠夺别人，永远不称霸，同世界各国人民一道，推动历史车轮向着光明的前途前进。不同于一些老牌资本主义国家暴力掠夺殖民地、以其他国家落后为代价的现代化，中国式现代化强调同世界各国互利共赢，推动构建人类命运共同体，努力为人类和平与发展作出贡献，奏响了中国与世界交融发展的新乐章。

幸福地驻足在这条特色中华路上，《觉醒年代》中的一幕幕却在脑海中挥之不去，被乱刀砍死的延年一定很疼吧，他本不爱笑，但在赴刑场的时候露出了笑脸；那么爱笑，那么可爱的乔年，最后褪去了一身稚气，目光里充满了如同哥哥般的坚毅与信仰。延乔路短，集贤路长，他们没能汇集，却都通往了我们现在双脚立定的繁华大道。刹那间，我明白了，《觉醒年代》的续集是什么？正是我们今天来之不易的美好生活，正是现在风光无限的特色中华路，我们永远不能忘记这条路是一群群人用血汗血泪铺成的，是一代代人披荆斩棘铸成的。如今，中国共产党将继续带领中国人民书写人类发展史上的"中国传奇"，坚定不移沿着这条光明大道走下去，既发展自身又造福世界。

我泱泱华夏，一撇一捺，都是脊梁；我神州大地，一思一念，皆是未来；我浩浩九州，一文一墨，皆是骄阳。胸怀民族复兴梦想再出发，更加波澜壮阔的征程已经开启。大道之行，壮阔无垠。历史和实践已经并将进一步证明，中国特色社会主义道路，不仅走得对、走得通，而且也一定能够走得稳、走得好。在这条光明大道上我们将继续与国际社会一道，创造人类更加繁荣美好的未来。

2022 年 5 月 27 日

推荐老师：徐广田

百年大计 继往开来

姓名：杨永康　　　　　　年级：2019 级
学院：公共卫生学院　　　学号：42219128

中国共产党初一诞生，就把为中国人民谋幸福、为中华民族谋复兴确立为自己的初心使命。恰逢中国共产主义青年团建立 100 周年，作为一名共青团员，在本学期系统地参加党史学习教育系列活动及学习"形势与政策"课程后，深刻认识到一百年来我们党始终坚守这一初心使命，为把我国建设成为社会主义现代化强国而不懈奋斗。历经百年风雨，中华民族迎来了从站起来、富起来到强起来的伟大飞跃，我国经济建设走过了极不平凡的风雨历程。

一、反帝反封建昭日月，生死实践扭乾坤

百年前，适逢中国人民反抗封建统治和外来侵略斗争如火如荼之际，中国共产党在 1921 年 7 月应运而生。从此，中国人民谋求民族独立、人民解放的斗争就有了主心骨。中国共产党第一次全国代表大会通过党的第一个纲领，明确提出消灭资本家私有制、没收机器土地等生产资料归社会公有等经济主张，标志着这一先进政党从诞生伊始就坚持以马克思主义为行动指南，始终将自身奋斗目标锁定在经世济民这一重大主题主线之上，为苍生立命，为中华民族谋复兴。

经济风云内藏乾坤。以李大钊等为代表的早期中国共产党人，深入研究马克思主义关于"经济基础决定上层建筑"的基本原理，提出"经济问题的解决，是根本解决"等重要论断，并深刻运用于领导中国革命的理论与实践探索过程之中。1978 年召开的党的十一届三中全会，以邓小平同志为核心的共产党人开启了改革

开放和社会主义现代化建设新时代，这是新中国历史上一次伟大的转折。这时候的中国，最鲜明的时代特征是改革开放，最突出的标志是开创中国特色社会主义，最显著的成就是经济快速增长。

2021年是"十四五"开局之年，习近平总书记强调："做好今年经济社会发展工作、迈好'十四五'时期我国发展第一步，至关重要。"立足新发展阶段、贯彻新发展理念、构建新发展格局，推动高质量发展，是当前和今后一个时期全党全国必须抓紧抓好的工作。而推动经济高质量发展的一个首要且必要的前提就是构建良好的发展环境。疫情中，在中国共产党的正确领导和无数共产党人舍生忘死、无私奉献下，我国的疫情状况得到有效控制，"经济增长平稳向好"也是在共产党人不畏艰难险阻、不惧流血牺牲的努力下才取得的成果。

二、改革春风吹大地，飞旋彩笔绘蓝图

在近期备受赞誉的电影《邓小平小道》中，我看到邓小平同志在"动乱"中受到错误的批判和斗争。在这段时期他被撤销一切职务，经历了他革命生涯中最艰难、最曲折的阶段。1969年10月，他被下放到江西省新建县，每天到县拖拉机修造厂劳动半天，做钳工活。在这段时间里，邓小平同志每天沿着工人同志们修建的一条小道风雨无阻地到工厂劳动，后来人们称这条小道为"邓小平小道"。通过平凡的、艰难的日常生活，我感受到邓小平同志坚韧的生命意志、坚定的理想信念、求实的作风和乐观主义精神，深刻体会到老一辈革命先烈在我国经济建设时解放思想、实事求是的精神，踏实工作、勇于担当的品质。

从1978年到2012年是改革开放及新时期中国特色社会主义政治经济学的形成和发展时期，也是马克思主义政治经济学中国化发展的重要阶段。这一时期，中国特色社会主义政治经济学的形成与发展，与马克思主义中国化的第二次历史性飞跃相随齐进，成为邓小平理论、"三个代表"重要思想、科学发展观的主要内容和重要组成部分。中国共产党牢牢把握我国处于社会主义初级阶段这一最重要也是最基本的经济事实，着力对社会主义初级阶段经济关系的本质特征和发展趋势的探索，在理顺这一阶段我国经济制度、经济体制和经济运行的整体关系的基础上，创造性地提出了经济制度论、经济改革论、市场经济论、科学发展论和对外开放论等主导性理论，并在主导性理论交互作用中生成了一系列衍生性理论，进而形成了新时期中国特色社会主义政治经济学的结构和体系。

正是有了革命先辈的忘我投入和努力拼搏，中华民族才能实现由站起来、富起来到强起来的伟大飞跃，才能前所未有地接近实现中华民族伟大复兴的目标，

才能用短短几十年时间走完发达国家走了几百年的工业化历程，实现近代以来国人的夙愿。依然"不畏浮云遮望眼，乱云飞渡仍从容"，即使在疫情当下，在党中央坚强领导下，坚持稳字当头、稳中求进，着力稳定宏观经济大盘，有效应对风险挑战，我国经济长期向好基本面依然没有改变，经济持续恢复态势依然没有改变，发展潜力大、韧性足、空间广的特点也依然没有改变。

三、全民抗疫勇前行，家国情怀动人心

疫情防控期间，无数具有家国情怀的仁人志士在中国共产党的领导下为我国经济的稳定运转无私奉献、勇毅前行。在全国抗击新冠肺炎疫情表彰大会上，习近平总书记深刻指出："社会主义核心价值观、中华优秀传统文化所具有的强大精神动力，是凝聚人心、汇聚民力的强大力量。"面对突如其来、来势汹汹的疫情，亿万人民所展现出的炽热而深沉的家国情怀，激荡人心、振奋人心，给人以无穷的奋进力量。为了强国梦想，在灯火通明的实验室里，科学家呕心沥血、奉献自我；在大型工程的施工现场，大国工匠筚路蓝缕、连续奋战；在抢收抢种的田野上，农民兄弟风雨无阻、昼夜劳作；在练兵备战的训练场上，战士们无惧疲劳、苦练硬功。烈日下，袁隆平一次次潜心试验，以汗水浇灌杂交水稻；风雨中，南仁东一趟趟勘探重峦洼地，为"中国天眼"殚精竭虑；病房里，钟南山一遍遍思考疫情对策，为保护人民生命安全不断奋斗。"看似寻常最奇崛，成如容易却艰辛"。

在经济发展形势出现大变局时，总书记暖人肺腑地提出"民营企业和民营企业家是我们自己人"。具有家国情怀的民营企业家，调整和明确自己企业发展的逻辑和战略，为国家经济建设和社会发展贡献力量。民营企业家是可信赖的，是能够担当起经济发展重任的。中国发展一定势不可挡。任何人都挡不住中国改革开放的步伐。

当世界各国在疫情冲击下遭受严重的经济衰退、全球产业链供应链运行受阻之际，国家主席习近平在亚太经合组织工商领导人对话会上公开宣布："我们构建新发展格局，绝不是封闭的国内单循环，而是开放的、相互促进的国内国际双循环。"中国既拥有超大规模市场优势，又具备大国担当的精神品质，新发展格局下，中国的市场潜力将充分激发，为世界各国创造更多需求，极大地助推世界经济复苏和增长。全球新冠肺炎疫情的肆虐，阻挡不了中国构建新发展格局的进程，阻挡不了中国扩大改革开放的步伐。2021年，全国外商投资准入负面清单已减少至31条，自由贸易试验区已增加至21个，各级政府积极落实外商投资法及其实施条例，持续优化营商环境，维护外资企业合法权益。因此，新发展格局下，中国对外开放不断扩大，将为全球经济发展带来源源不断的机遇和红利。

面对前进道路上的风险挑战，以习近平同志为核心的中国共产党用全面、辩证、长远的眼光看待发展，既能深刻认识到国际形势的复杂变化和我国经济发展面对的复杂性、严峻性、不确定性，又能合理把握到我国经济实力、科技实力、国防实力、综合国力的显著增强，经济体量和市场规模的扩大。我们可以自豪地说，只要有中国共产党的坚强领导，就有中国特色社会主义制度的显著优势，就有持续快速发展积累的坚实基础，就有长期稳定的社会环境和自信自强的精神力量。从发展基础看，2021年，我国经济规模突破110万亿元，人均GDP突破8万元，超过世界平均水平。从内需空间看，14多亿人口、超过4亿人的中等收入群体的超大规模市场优势持续显现；从政策环境看，改革与调控"组合拳"不断发力，稳增长合力正加快形成。可以说，中国经济具有迎难而上、爬坡过坎的能力，没有什么能阻挡中国经济稳中求进的坚定步伐。

四、青年才俊担大任，无私奉献为人民

聚焦人民，无数具有家国情怀的青年力量为我国的经济发展忘我拼搏，成为乡村建设的中坚力量。在全面推进乡村振兴的征程中，有的青年站上三尺讲台，成为播撒知识的人民教师；有的青年成为乡村诊室的白衣天使，守护人民生命健康；有的青年通过基层挂职、村民选举等形式，参与乡村治理，凝聚村民共识，传承乡村文化，普及法治精神，成为农村治理模式改革的"急先锋"。青年锐意革新的精神气质，对新发展理念的身体力行，深刻地影响了一方水土、造福了一方群众。高举中国共产党的旗帜，开往乡村振兴的列车为青年施展才干预留了充足的席位。在乡村振兴的宏伟版图中，青年要从乡村实际出发，要找准定位，谋划出路，胸怀扑向乡村的赤子之心，成为乡村产业发展的"领头雁"、乡村建设的"排头兵"。

从国际经验来看，青年人才的理想信念、精神状态、综合素质，是一个国家是否具有发展活力的重要体现，也是一个国家是否具备核心竞争力的关键因素。我国要在"十四五"时期赢得发展空间、保持后发优势，就应该从战略高度上着手抓好青年人才的选拔和培养工作，切实激发青年人才的积极性和主动性。进入新发展阶段，实现全面振兴面临更为复杂的挑战，必须在推进人才强国战略上有所突破。要实现经济社会的转型发展，必须将提高质量效益的目标一以贯之，必须将青年的主体力量充分调动起来，这个群体是最富有创造力和创新能力的，在我国经济面临发展跨越的紧要关口，要建设现代化的经济体系，跟上时代的步伐，转换增长经济的动力机制，实现由单一追求速度增长到质量与社会效益并驾齐驱良性运作的转变，一定要发挥最有力的人群优势，在社会生产中提供强大的智力和动力支撑，为经济社会的发展转变提供强大的社会力量，集众人的力量才能真正发现社会经济中存在的弊病，才能从最根本上解决问题。因此，要实现经济高质量转型的目标，一定要发掘出实现效益最大化的青年人群，这是保证经济转型目标得以实现的主力担当。

  作为东南大学公共卫生学院的学生，要时刻牢记"公济天下，卫康为民"的使命，深刻领会青年力量在祖国建设中的重要作用。作为劳动与社会保障专业的学生，更要面向人民生命健康，积极研究中国健康保障政策，特别关注中国已进入老龄化社会的新形势，关注老年群体的增加对我国经济社会发展产生的深远影响。社会保险，特别是养老保险和医疗保险，已成为目前我国社会经济民生关注的重点。2016 年，我国进行了城镇居民医疗保险和新农合的制度并轨，意在促进城乡居民医疗卫生资源的公平性，从而降低城乡居民的医疗负担，应对我国的老龄化趋势。在专业的学习实践中，我深刻认识到社会保险、社会保险基金对社会经济的巨大作用。当下，我国的社会保障制度尚未完善，改革仍在进行，作为一名相关专业的青年学生，我决心努力学习专业知识，为我国的社会保障制度改革事业和经济社会发展贡献自己的力量。

  五、长风破浪会有时，直挂云帆济沧海

  历史反复证明，那些推动人类文明进步和世界共同繁荣的政党，将得到愈来愈多的认同，而那些倚仗军国主义与霸权主义站在世界人民对立面的政党，终会被历史淘汰。习近平总书记深刻指出："政党作为推动人类进步的重要力量，要锚定正确的前进方向，担起为人民谋幸福、为人类谋进步的历史责任。"中国共产党始终保持马克思主义政党的鲜明底色，大力弘扬伟大建党精神，引领新型经济全球化，成为联结中华民族伟大复兴和构建人类命运共同体的枢纽。中国共产党第二十次全国代表大会即将召开，它必将进一步推动经济全球化的发展，拓展发展中国家走向现代化的有效途径，给世界上那些既希望加快发展又希望保持自身独立性的国家和民族提供全新选择，为解决人类问题贡献中国智慧和中国方案。党的百年奋斗深刻影响了世界历史进程，是人类进步事业的重要组成部分，党既为中国人民谋幸福，为中华民族谋复兴，也为人类谋进步、为世界谋大同。

2022 年 5 月 27 日

推荐老师：吴凌尧

新时代中国伟大成就及个人感想

姓名：王怡之　　年级：2018 级
学院：医学院　　学号：41118103

2021 年 10 月 18 日，中共中央政治局召开会议，研究全面总结党的百年奋斗重大成就和历史经验。11 月 11 日，中国共产党第十九届中央委员会第六次全体会议审议通过了《中共中央关于党的百年奋斗重大成就和历史经验的决议》。通过学习《中共中央关于党的百年奋斗重大成就和历史经验的决议》，我震撼于党百年来取得的辉煌成就，感动于党带领下中国所焕发出的勃勃生机。

百年来，党带领中国人民走过风风雨雨，走过岁月峥嵘。如母亲的怀抱，呵护着稚嫩的中国一步步成长，一点点强大。从党成立之初中国的风雨飘摇，到现在中国的富强繁荣，党带领下的中国取得了一个又一个的伟大成就。其中我感受最深的是在文化、外交和科技方面所取得的巨大成就。

党的十八大以来，习近平主席多次提到文化自信。他在多个场合谈到中国传统文化，并指出：中国有坚定的道路自信、理论自信、制度自信，其本质是建立在五千多年文明传承基础上的文化自信。文化是一个国家、一个民族的灵魂，中国拥有上下五千年的文明，更应当珍视自身的优秀传统文化。近年来国风音乐、国风服饰、国风节目层出不穷，国风也成为当代青年人追逐的潮流，含有传统文化的综艺节目，如《国家宝藏》《经典咏流传》《上新了·故宫》等等皆受到各年龄段观众的好评。河南卫视的舞蹈《洛神水赋》《唐宫夜宴》因其国风元素与传统审美而火速出圈。近期火爆的舞剧《只此青绿》《红楼梦》将国风所承载的古意、典雅、韵味等予以生动展现，演出后反响非凡、讨论热烈。此外，越来越多的国产动漫电影受到年轻人的青睐。以我自己为例，从前看的动漫电影是《驯龙高手》《疯狂原始人》这些"进口货"，而现在《哪吒之魔童降世》《白蛇：缘起》等高质量的国漫电影让像我一样的众多年轻人走进电影院感受传统文化的魅力。

小到一餐一饭，大到民族精神，都是我们的文化，是一种内心的民族认同。从前，总有人担心我们这一代年轻人是否会丢弃传统文化，是否能够经受得住文化入侵。现如今传统文化、民族精神深深地扎根于我们年轻人的生活，越来越多的年轻人投身于文化建设。不止如此，世界也爱上了中国文化。越来越多的外国人学习中文，爱上中国戏、中国茶、中国美食。中国在文化建设方面成绩斐然，中国文化也正以其独特的魅力影响着越来越多的人。

在外交方面，中国始终奉行独立自主的和平外交政策，反对霸权主义、维护本国正当权益，并以实际行动践行人类命运共同体理念。中国在外交方面努力促进世界和平与发展，展现出了负责任的大国担当，得到了国际社会的尊重和广泛认可。新世纪以来，世界形势愈发复杂，中国外交也面临着新的局势。2014年11月，国家主席习近平在中央外事工作会议上发表重要讲话，指出中国必须有自己特色的大国外交。2016年3月5日，在第十二届全国人民代表大会第四次会议上，"中国特色大国外交理念"首次被明确写入政府工作报告。中国特色大国外交理念使中国对外工作有鲜明的中国特色、中国风格、中国气派。近年来外交部发言人因为对一些问题的硬气回应被网友们称为"外交天团"。面对尖锐问题，发言人不卑不亢、有理有据，以温和坚定的回应给那些心怀不轨的人一记重拳，让国人为之拍手叫好。这也展示了中国外交的新风貌。

弱国无公义，弱国无外交。历史告诉我们落后就要挨打，只有挺起脊梁才有说话的权利。随着中国的发展强大，中国在国际体系中的话语权也大了起来。中国不必再唯唯诺诺，而是拥有了和他国平等对话的权利。外交方面取得的成就无疑都建立在国力强盛的基础上。背后有强大的国家、有坚挺的脊梁，才能在面对不公、面对质疑时予以反驳和警告，才能在国际舞台上说话有底气，才能响亮地发出中国声音。

近年来，在党的带领下，中国在科技建设方面的成就更是举世瞩目。"复兴号"领跑世界，开启中国高铁新时速；首台千万亿次超算"天河一号"诞生，我国成为世界上第二个能够研制千万亿次超级计算机系统的国家；世界上最长的跨海大桥港珠澳大桥落成通车，一桥连三地，天堑变通途；首颗量子卫星"墨子号"升空，回答了爱因斯坦的百年之问。克隆猴的诞生、可燃冰的试采……这些都标志着中国科技在不同领域的飞速发展。

2022年4月16日上午，去太空出差的"三人组"回家了，这是中国航天事业的又一个里程碑。神舟十三号于2021年10月16日发射升空，在轨时间长达183天。在离开地球的日子里，神舟十三号和三位英雄航天员一起创造了一项又一项新的航天纪录。航天员们在太空过春节令大家为之挂念，等待妈妈摘星星回来的小姑娘也感动了无数的国人。中国人在太空一次次迈出的一小步，汇聚成了中国航天的一大步。中国航天，又站在了一个新的起点。这是中国科技力量的展示，是载入史册的无比伟大的成就。

经过对《决议》的内容解读，通过了解中国在文化、外交和科技方面所取得的巨大成就，我更深刻地体会到，党的百年历程，是从一个胜利走向另一个胜利，带领中国人民创造无数奇迹的过程。在过去的一百年里，党克服重重困难向人民、向历史交出了一份优异的答卷。如今，在党的带领下，中国又踏上了实现第二个百年奋斗目标的赶考之路。在第二个"一百年"中，我们要从已有的成就中获得自信，从党的百年历史中汲取经验，看清楚我们过去为何能够成功，为何能够取得诸多成就。过去的成绩已然过去，我相信只要把党的成功经验传承好、发扬好，坚持和发展中国特色社会主义，坚持为实现中华民族伟大复兴的中国梦不懈奋斗，在下个"一百年"中，中国必将在党的带领下取得更丰硕的成就，谱写更辉煌的篇章！

2022 年 5 月 15 日

推荐老师：杨竹山

全面从严治党专题学习心得

姓名：陈如雪　　　　　年级：2021 级
学院：经济管理学院　　学号：14221115

经过这学期对"形势与政策"课程的学习，我收获了很多，无论是从全面从严治党专题了解国家的治党史，还是从经济社会发展专题感受我国与世界经济发展的态势，抑或是从港澳台专题和国际形势与政策专题理解国家政策和举措的良苦用心，都使我对国内外政治经济文化的形势认识得更加深入。随着在精美的PPT中学习相关政策与知识，我的思想也在潜移默化中变得更加成熟和坚定。

因为我所在的小组研讨的是关于全面从严治党的专题，所以我想主要谈谈我在学习这一专题时的收获与心得。

一、回顾我国从严治党的发展历程

在进行研讨的初期阶段，我进行了一些资料的搜索和整理，也对我国从严治党的历程有了更加清晰的认知。虽然全面从严治党是十八大才正式提出的，但从严治党这一精神却在中国共产党成立之初就已存在。百年来，中国共产党聚焦实现中华民族伟大复兴这一主题，针对党所面临环境的深刻变化和不同时期所肩负的历史使命，经历了从严治党从艰辛探索到全面深化的演进过程。

新民主主义革命时期，面对艰巨的革命任务和严峻的斗争环境，建设一个具有强大战斗力的工人阶级政党，是党面临的重大使命，党在生死存亡时始终坚持从严治党，在革命锻造中变得更加坚强有力。

中华人民共和国成立前夕，毛泽东同志就告诫全党："务必使同志们继续地保持谦虚、谨慎、不骄、不躁的作风，务必使同志们继续地保持艰苦奋斗的作风。"全国执政的重大考验，对从严治党提出更高要求。

改革开放初期，中国共产党就关系党和国家前途命运的大政方针作出政治决断和战略抉择，坚决纠正"文化大革命"错误，持之以恒地坚持从严治党，实现新中国成立以来党的历史上具有深远意义的伟大转折。

党的十八大以来，以习近平同志为核心的党中央从关系党和国家生死存亡的高度，作出"打铁还需自身硬"的庄严承诺，将全面从严治党纳入战略布局，以前所未有的勇气和一以贯之的定力从严管党治党，解决了许多长期想解决而没有解决的难题，党内政治生态明显好转，党群关系明显改善，党的创造力、凝聚力、战斗力显著增强。

我更加深刻地认识到，中国共产党在历史上一贯重视从严管党治党，重视加强党内的思想教育、组织管理和纪律、作风要求，通过一次次的党内思想教育，不断解决党内存在的思想、组织、作风等方面的问题。这种严格要求和从严治理，保证了党的团结统一，保证了党在新民主主义革命时期、社会主义革命和建设时期始终保持整体上的先进性和纯洁性，始终立于不败之地，并形成和积累了丰富的管党治党经验。

二、其他感悟

正如习近平总书记所说："历史是最好的教科书。"中国共产党正是因为正视历史，正视过去的失误与不足，也汲取过去的丰富经验，所以在从严治党这一议题上从不手软，"老虎""苍蝇"一起打，为中国共产党的发展提供内部保障。

而习近平总书记的这句话于我来说同样意义非凡。在学习这一专题的过程中，我们通过编演情景剧，演绎出普通的共产党员虽然面对生活的困难时略有摇摆，却最终选择坚定信念、拒绝诱惑，继续为成为一名优秀的共产党员、为人民服务、为实现自己的人生价值而奋斗。

俗话说得好，"艺术来源于生活"。近年来，也涌现了不少与打击贪污腐败相关题材的片子，比如《人民的名义》。虽然距离我第一次看这部电视剧已经过去了很久，但当时电视画面里，在满墙、满床的钞票的背景前，赵德汉颤抖着双腿站不住，满面懊悔与恐惧的场景，仍深深地留在我的脑海里。他小官巨贪，别墅里藏着2.3亿余元现金，却住在一栋破旧的居民楼里，呼噜呼噜地吃着一碗炸酱面，水龙头滴着水，下面用面盆接着。每天骑自行车上下班，每月还得瞒着老婆给乡下老母寄300元生活费。在面对检察官侯亮平的搜查和讯问时，内心极度恐惧却故作镇定,当侯亮平搜出整墙的现金钞票时,赵德汉彻底崩溃。当他痛哭流涕跪倒在地请求宽大处理,不希望给妻子、年幼的儿子和年迈的父母留下太多心理阴影时,作为观众的我既恨这个贪官,又同情这个既是丈夫、又是父亲、还是儿子的人。他明明可以选择两袖清风,在自己的职位上干好自己的事,做一个好丈夫、好父亲、好儿子,即使不会大富大贵,却也能过着幸福而又安稳的生活。最终,赵德汉犯受贿罪、滥用职权罪、巨额资产来源不明罪,数罪并罚,被依法判处无期徒刑,并处没收个人全部财产。这也让作为普通人民的我们,了解到国家的意志,提升着我们对中国共产党领导下的认同感,增强了自身的安全感、幸福感。

全面从严治党,是共产党发展的必然选择。不仅打扫干净了屋子,也给百姓吃了放心丸。如果内部腐朽不堪,暗地里进行着不为人知的交易,损害着人民的利益,又有哪位老百姓愿意加入中国共产党,为我们党的事业奋斗终生呢?又有谁愿意继承中国共产党百年来的伟业呢?

我的父亲也是一名光荣又普通的党员,和千千万的党员一样,他们选择加入中国共产党——这支走过艰难险阻,历经苦难与辉煌的队伍,是忘不了前辈们抛头颅洒热血的勇气。他们在一次又一次的实践中感受着前辈们克服困难的强大信念,用自己的实际行动,为党、为人民、为实现自己的人生价值而奋斗着。如千千万万的前辈们一样。在疫情笼罩的两年里,我比之前更加频繁地看见他们的身影,在大街上的值班闸口、在深夜的政府大楼……在每一个需要人的地方。他们身先士卒,他们凡事冲在最前面,只因为他们是党员,心中怀着对中国共产党的信赖与为人民服务的信念。

而作为千千万党员子女的我们,在他们的以身作则下,许多人对共产党有着强烈的渴望,想要加入中国共产党这支光荣而又负有使命的队伍,如父辈们一样,而我,也是其中一员。今年三月份,刚刚满十八周岁,我就迫不及待地提交了饱含热情的入党申请书,希望也能在今后成为一名光荣的共产党员,在回顾历史中不断汲取知识,在实干中不断成长,为国家和党的发展献出自己的一份力,以能够实现自己的价值,绽放属于自己的点点光芒。

2022 年 4 月 29 日

推荐老师:杨竹山

聚小我，成就强国的壮阔

姓名：杨雨晴　　年级：2021 级
学院：建筑学院　　学号：01A21315

巍巍东方古国，向来是一个尊重英雄的国家。我们歌颂精忠报国的岳飞，赞美鞠躬尽瘁死而后已的诸葛孔明，钦佩一片丹心的文天祥，铭记傲立橘子洲头的毛泽东。他们以自己坚定的信仰、凭自己强大的能力，点燃一支支烈焰熊熊的火炬，引导中国迈过每一道重要的关卡。可以说，是他们塑造了今日的浩瀚中国雄风和巍巍民族骨气。这四位都是大英雄，拥有指点江山的能力。但是，我们都知道，溪流聚成江海，繁星绘就天空，中国历史巍峨画卷的成就，同样离不开平民英雄留下的一股股星火之力。

古语有言，"星星之火，可以燎原"，今我译之为——燎原之力，当聚于星星之火。纵览席卷整片草原的大火，怎能只看某几处擎天的巨焰和冲天的浓烟？每一个小火苗都参与了其中，缺一不可。即便不为高官帅将，仍然可以为这个国家和民族的未来注入自己的涓涓之力。扁鹊、华佗、张仲景、李时珍，他们是没有显赫权力和财富却为人民的健康福祉作出突出贡献的名医；鲁班和蔡伦也一样，他们不为高官，但一个创造的木工工具对后世影响深远，一个改进的造纸术对全世界的文化传播产生了巨大推动作用和深远的影响。

历史从不缺平民英雄，只是正史"嗤之"罢了。所幸，在今日，随着媒体的发展和国民平民英雄意识的觉醒，越来越多平凡人的努力得到肯定及宣扬，平民英雄这个词的分量在我们的心里正越来越重。

接下来，不妨听我在全面从严治党、我国经济社会发展、港澳台、国际形势这四个方面，谈谈新时代的平民英雄们。

本着从微观出发的想法，我着重了解了一位执行从严治党任务的基层干部——邓和平——现任长沙市纪委常委、监委委员。在24年纪的检监察生涯中，无论是在一般干部岗位，还是在审查调查部门的负责人岗位，邓和平绝大部分时间都战斗在反腐前线，经手案件数以百计。他坚持要把每一桩案件都办成"铁案"。他敢担当有作为，维护民利。他对公众作出承诺："解决群众的急难愁盼问题是纪检监察工作的出发点、着力点。我们不仅要抓惩治、查贪腐，还要抓监督，维护好人民群众的切身利益。"他深知，若想更好地履行从严治党的任务，保持自身的廉洁自律是重中之重。他也曾面对巨额金钱的诱惑，但他没有丝毫的动摇。他选择做好分内的事，他自觉绝不应该奢望分外的利益所得。"打铁必须自身硬，办案才能有底气"，邓和平坚信，只有敢于坚持原则、按规矩办事，带头执行廉洁自律各项规定，才能做好纪检监察工作，才能抵住诱惑，直面威胁恐吓。

众所周知，自改革开放以来，我国经济快速发展，成为当今世界第二大经济体。深圳、上海的腾飞，是我国生产力大大提高的缩影，它们那震惊世界的数据背后，是无数打工人、创业者、奋斗者勠力同心实现的丰功伟业。二十世纪七十年代初，曾少强出生在潮汕地区的一个普通农民家庭。虽信息闭塞，但外出创业的同乡带回了改革开放的信息，说深圳是创业的好地方，这让曾少强对深圳充满向往，他直奔深圳，成为宝安的个体工商户，在新安开了一家五金店。白手起家，他积极感知经济的脉搏，从书报中感受到石油化工行业的律动，抓住了精细石油化工产业发展的机会。除却起早贪黑、脚踏实地的艰苦奋斗，他也积极通过上下求索的方式提高自己的核心竞争力，先后攻读多所知名大学的经济学学位。艰苦奋斗、信念坚定、与时俱进的曾少强，正是我国诸多为经济建设作出突出贡献的"平民英雄"的真实写照。

在疫情时代，我们能够最真切地感知到"平民英雄"们的伟大。所谓社会建设，百度知道是这么解释的："社会建设是指社会主体根据社会需要，有目的、有计划、有组织进行的改善民生和推进社会进步的社会行为与过程。"通俗来讲，社会建设就是以人民为中心，根据人民的实际需要去提供相应的产品和服务，完善对应的社会制度。在新冠疫情爆发时，那些不辞劳苦深入街道、受命外派支援的大白们，用自己的汗水与身躯，助力医疗系统的正常运作，满足人民的医疗需求。即便他们的脸并不能被大家所看见，但这并不影响为社会建设作出突出贡献的他们作为平民英雄而被大家铭记在心。穿着不透气的防护服的他们总在夏日汗流浃背，连轴转工作的他们总是顾不上吃饭和睡觉，许多时候休息也只能就地一躺。要说没有怨言那是假的，但是他们知道，人民需要他们，医疗体系需要他们，即困难在前，他们毅然选择主动冲锋，支援街道、支援疫情严重的城市。吃下心头的苦，孕育百姓的甜。这怎么能不被称为英雄？无独有偶，在上海封控时，奔波在上海街道中的外卖小哥，主动向上海支援物资的人们也都是平民英雄，他们都在用自己的力量建设着一个更美好的社会。

守卫边疆的士兵也是"平民英雄"。2020年6月，印军悍然越线，我军祁发宝团长立即带了几名战士，涉水渡河前往交涉。本来这是已经有惯例的正常交涉流程，怎料外军意图不轨，部署大量兵力，试图以多欺少。在这场守护我国领土主权的边境一役中，战士陈红军、陈祥榕、肖思远在奋战中英勇牺牲，战士王焯冉为救战友，葬身雪域冰河之中。经历了边境对峙和战友牺牲，解放军边防战士始终不渝，依旧坚守最前线，守着脚下属于祖国的土地。头颅可抛，热血可洒，忠节不可丢。宁可高原埋忠骨，不愿河山丢寸土。这样的他们，不正是值得永远被中国人民放在心上歌颂的"平民英雄"！

谈到国际形势，许多人总觉得这个词离自己太遥远，但其实，身处世界洪流中的我们每个人，都可以是"平民英雄"。何以见得？只要你坚定地爱国、爱好和平、声援正义，你就是铸成助力国际形势稳定之雄壮长城的一块砖石，自是不可被轻视的"平民英雄"。

"平民英雄"这一称谓，不仅是对那些融小我于大我、献此生于国家的普通人的褒奖，也为所有国民提供了一种可以为之奋斗的精神信仰。具体而言，就是"平民英雄"们用他们的精神和高尚情操感染了广大的人们，从而为这个社会注入一股股虽不比洪流但源源不断的强大力量，合力建设一个更加美好的国家，助推中国特色社会主义事业建设，带动越来越多的人坚定走好中国特色社会主义道路，为实现强国梦想、实现中华民族复兴之伟业打好基石。

身为助力强国建设的后备军的当代青年们，理应担起时代重任，积极了解与学习被众人歌颂的"平民英雄"们的精神品质，学习那种艰苦奋斗、无私奉献、爱国爱民、严谨自律、以身作则的可贵品质，并将之贯穿在自己今后的一言一行中。我们这么做并不一定能成为一个"平民英雄"，但一定能让我们的祖国更美好，只有当青年的我们尽己所能去照亮这个社会时，才能实现聚小我成就强国的壮阔，社会才能在当下及更美好的将来用温暖和煦的阳光拥抱每一个置身其中的我们。

聚小我成就强国的壮阔，是当代"平民英雄"们谱写出的最壮丽磅礴的诗篇。

2022 年 4 月 26 日

推荐老师：杨竹山

一切过往，皆是序章

姓名：郑锴懿　　　　　　年级：2018 级
学院：网络空间安全学院　　学号：57118237

2022 年转眼已经过半，回望过去的一百多个日日夜夜，我们经历了许多，我们的国家也经历了许多。2020 年到 2022 年，新冠疫情给世界带来了沉痛的打击。但是作为最早受到疫情打击的国家，中国不止挺了过来，还在今年完成了不可能的"奇迹"，快速实现复工复产，实现经济正增长。

我们的祖国正在一步一步迈向未来，迈向强盛。发展的过程总是伴着苦与甜，这是改革开放的第四十四周年，"这是一个最好的时代，这是一个最坏的时代；这是一个智慧的年代，这是一个愚蠢的年代；这是一个光明的季节，这是一个黑暗的季节；这是希望之春，这是失望之冬；人们面前应有尽有，人们面前一无所有；人们正踏上天堂之路，人们正走向地狱之门……"我们的祖国正在时代的岔路口上，前路漫漫，唯志作伴。

漫漫四十多年，我们得到了很多，我们反思了很多……

一、得到

真理源于实践，实践检验真理。没有改革开放就没有现在的中国。实践证明改革开放是一条正确的道路。

1978 年十一届三中全会作出了改革开放的新决策，1980 年设立了深圳、珠海、汕头、厦门四个"经济特区"，深圳在后来的十几年里发生了翻天覆地的变化，从一个小渔村变成了高楼林立的沿海大都市，实现了"楼上楼下、电灯电话"。改革开放之前，物资贫乏，什么东西都要凭票购买；改革开放后，物品多样，从蓝布粗衣到彩裙飞舞，人们不再担心买不到，转而看什么样式好。改革开放不仅惠及了沿海地区，也深入了内地。在世纪之交，国家又提出了西部大开发战略，从此重庆、成都、贵阳等西部城市开启了新的篇章。重庆现在不仅仅有"雾都"之称，因主城就有十几座大桥横跨两江，还有了"桥都"之称。随着改革的推进，一座座桥梁将这些"山水之城"连接起来，一条条高速公路伸向四面八方，一条条高铁将城市之间的距离缩短；轻轨、地铁更是上演上天入地、飞岩穿墙的绝技，洪崖洞、穿楼的轻轨站更是成为网红。这些"殊荣"都源于改革开放后，经济社会的发展，它推动着一座城市的变迁。

改革开放不仅让城市变了面貌，也让农村换了新颜。1978年开始实行家庭联产承包责任制，人民的温饱得以解决。2005年10月11日，党的十六届五中全会通过了第十一个五年规划，明确提出了建设社会主义新农村的重大历史任务。2006年1月1日起，国家废止农业税条例，这让9亿农民彻底告别了缴纳农业税的历史，农民的负担更轻了。在之后的一段时间里，一条条硬化公路通向村庄，一条条三尺宽的混凝土路在农村的田野中纵横交错，连接着各个院落，就连邻里之间的羊肠小道上也铺上了水泥板。家家户户，楼房簇簇，青瓦白墙，好一幅田园美景。整洁的新农村让城里人好生羡慕，于是农民办起了农家乐，城里人买到了农产品，一股乡村旅游风悄然在中国大地兴起，农民的腰包更鼓了。

四十多年改革开放的过程中，我们有过许多挫折，有过许多坎坷，有过许多荆棘，时至今日，我们仍然有许多的问题没有得到解决，仍然有许多目标没有实现，仍然有许多"大山"等着去征服、去翻越，但是，我们的前辈们，实现了让中华人民共和国强盛起来的目标。他们也许失去了太多太多，但是，他们的付出换来了如今的我们、如今的中国。

二、反思

回顾中国历史，开皇之治，隋文帝在位二十多年奋力拼搏，但很快"二世而斩"于隋炀帝的骄奢淫逸；最辉煌的"夜不闭户，道不拾遗"的贞观之治后，唐玄宗创造了开元盛世，可是在进入鼎盛时期之后，他贪图享乐、重用奸臣，最终导致安史之乱；至于康乾盛世，纵使有一百多年的三代治世明主，也先后出现纳兰明珠、和珅这样的巨贪，同时也正是在这个阶段，中国被西方超越，直到现在我们仍然在苦苦追赶。

改革开放还没结束，我们的祖国还不够强大，我们还需要继续努力。如今，时代已经交棒到我们这一代手中，换言之，我们决定了祖国的明天。我们不能决定我们生得如何，但是我们可以为后辈创造好的环境。

"从未有人准备好过，我们无法选择自己的死期，死亡赋予了生命意义，知晓自己去日无多，时光有限。"我们正在一个新时代的岔路口上，我们被赋予了全新的活力去实现我们的使命，没有人生来伟大或者粗鄙，没有人生而为何。我们处在变化与挑战无所不在的时期，成功与挫折交织的四十多年，我们获得的越多，才知道自己的无知越多。就如霍金所言："如果人类想要延续下一个百万年，我们就必须大胆前行，涉及无人所及之处。"我们的祖国要想有下一个百年强盛，就需要我们去努力去改变。

为天地立心，为生民立命，为往圣继绝学，为万世开太平。

2022 年 5 月 27 日

推荐老师：徐广田

第三部分
我国经济社会发展专题

从脱贫攻坚到乡村振兴

姓名：徐晨森　　　　年级：2018 级
学院：化学化工学院　　学号：19218123

我是一个从小生活在城镇里的人。

小时候，乡村对于我而言是一个很遥远的词语，我对于乡村的记忆停留在红白喜事时，父母带我回老家参加的各种酒席，除了丰盛的菜肴外，只有破旧的房屋、门前坐着的老人、泥泞的道路、房内滴答的雨滴、散发着霉味的床铺以及大家酒席上粗俗的交谈。那时的我总是很诧异，为什么父母口中所描述的他们儿时"黄发垂髫，并怡然自乐"的美好乡村生活，在我眼中却看不到一丝一毫。也因此，对那时的我而言，但凡能待在城里，必然是不会选择回到乡村的。

小时候的记忆，大约在中学时期逐渐发生了改变。由于我的父母均是政府机关的公务员也是党员，在那个时间，家庭交流的内容除了日常的工作生活外，还多了一个被频繁提及的词——"扶贫"。

因为"扶贫"，我的父母在家的时间减少了许多。因为除了完成单位内的本职工作之外，每周他们还需要花费大量的时间前往对接包干的村镇，进行深入的摸排调查——究竟哪些村民是真正贫困的，保证确有需求的村民得到应有的帮扶；搞清楚贫困户准确的致贫原因：是因病致贫、因灾致贫、因亡致贫还是其他原因致贫……这些都要记录清楚；同时还需结合实际情况，为贫困户制定一个初步的帮扶对策等等。

除此之外，在与父母的交流中我得知，贫困户的衣食住行医学等都得到了有效的保障。"衣"，在寒冷的冬天，会为有需求的贫困户送去棉衣棉裤、避寒保暖；

"食",在吃饱的基础上,还要尽可能保障吃好,"餐餐有肉吃";"住",要保障贫困户的住房安全,对危房进行改造,改造难度大的进行集体搬迁,同时保障居住环境的卫生条件,如在我父亲负责的村子里,所有的旱厕都要求改造成水厕;"行",村中主干道都要浇成水泥路,避免雨雪天气泥泞难行,通往城镇的公交也要开通,保证居民出行方便;"医",贫困户的医疗也要得到保障,我父亲包干的一户贫困户,曾因为罕见病的医药费昂贵,难以负担,不得不保守治疗,而在"农村贫困人口大病重病住院医疗费用报销比例提高至90%"的政策出台后,疾病的治疗有了新的希望;"学",我所在的中学,对贫困的学生就有学杂费、餐食费、学习资料费等多方面的补助,而来到大学之后,我们发现,对于贫困同学的帮助依旧一样不少。在正常职责范围外,扶贫工作者会积极为身体有缺陷的村民找到他们可以担任的工作,帮助其实现人生的价值。

在扶贫的过程中,扶贫工作者在帮助贫困户,而村民们淳朴地给扶贫工作者带来了温情。炎炎夏日,在村里开展扶贫工作时,村民们会为工作者们送上一杯水、一片瓜,解渴祛暑;寒冷的冬天,母亲自费买了冬衣,带着一些家中的旧衣服,为一户贫困户送去,在回来的时候,那位老奶奶一直拖着母亲他们不让走,很快她的丈夫从自家的菜地拎了满满一袋子青菜要送给母亲他们。

2018年的夏天,我家所在的上饶县实现了脱贫摘帽。那一年我正好高考结束,因参加班上同学的谢师宴,在城里和各个乡镇之间时不时来回往返。在途中,我发现乡村变了——往返城乡的交通车半小时就有一班,十分便利;乡村小道,干净整洁,有的甚至铺上了柏油;集市中也多了许多年轻人的身影,和整齐漂亮的房屋一起,为乡村增添了许多活力。

2019年的暑假,我恰好参加了南京大学新闻传播学院在我家附近的一个村庄开展的"乡村社会生活与信息接触"田野调查。在走访中,我发现村民们的生活都大为改善,包括一些曾经是贫困户的家中,也有了彩电、冰箱、洗衣机、空调等基本的家电,一些大爷大妈的手中还拿着智能机,并且他们能熟练地使用微信、抖音等手机应用功能。

随着2020年全国832个国家级贫困县全部脱贫摘帽,我国脱贫攻坚战取得了全面胜利,这时,一个词越来越多地出现在我们的视线中——"乡村振兴"。

早在2017年10月18日,习近平总书记在十九大报告中便提出了乡村振兴战略。2018年9月,中共中央、国务院印发了《乡村振兴战略规划(2018—2022年)》,其中提及要科学有序推动乡村产业、人才、文化、生态和组织振兴。而后在2021

年 3 月，发布了《中共中央国务院关于实现巩固拓展脱贫攻坚成果同乡村振兴有效衔接的意见》。

  乡村振兴，首先要振兴产业。在家乡的脱贫攻坚中，为了更好地开展扶贫工作，曾因地制宜地开展了许多种植业，如草莓、葡萄、甘蔗、火龙果等水果的种植，同时结合村庄特色，开设了一系列生态旅游休闲项目，如拈花湾、火车小镇、楮溪老街等。在水果丰收的时节，市民们可以去体验采摘水果的快乐，也可以游览各项特色项目。而各个项目又为当地居民提供了许多的就业岗位，带动当地居民脱贫致富。

  乡村振兴，人才振兴是关键。随着全面脱贫，乡村环境越来越好，也吸引了许多原先选择外出打工的青年人留下来自主就业或创业，为乡村带来更多的活力。

  乡村振兴，也要振兴文化。在脱贫攻坚期间，许多村庄修建了村民活动广场和图书室。自此，茶余饭后，越来越多的村民们会选择前往图书室阅读或是前往广场锻炼身体，而不是前往棋牌室打麻将或是打牌。村民们的这些行为为文明的乡风、良好的家风留下了良好的培育土壤，为乡村的振兴提供了精神动力。

  乡村振兴，生态振兴是支撑。脱贫后，村子中的人们生活条件好了，生活环境也好了。老家村口老树下的小溪，曾满是垃圾和白色污染；一些人家中饲养家畜家禽的小屋，也是臭气熏天。而在脱贫之后，农村垃圾和污水得到了有效治理，"厕所革命"中的旱厕改水厕也极大改善了人居环境。环境极大的改善吸引了更多的游客，也吸引了许多年轻人留下，反哺了产业振兴、人才振兴。

  乡村振兴，更要组织振兴。在扶贫期间，党员冲锋在一线；扶贫结束进入乡村振兴阶段，农村基层党建也不能落下。而随着越来越多的青年人才选择留在乡村，基层党员队伍亦会得到更好的发展，这也将有利于基层党组织对乡村振兴的全面领导，从而推动乡村振兴。

  从脱贫攻坚到乡村振兴，我国乡村的发展走到了一个全新的阶段。有着脱贫攻坚打下的基础，乡村振兴各项工作的开展将更加顺利，而乡村的明天，也一定会更加的美好！

2022 年 5 月 27 日
推荐老师：刘宁扬

浅谈新疆精准扶贫

姓名：加依娜·吐尔逊艾力　　年级：2018 级
学院：经济管理学院　　　　　学号：14618118

这几年来，我一路见证了家乡的变化，每次寒暑假回去，家乡都会有各种各样的变化，以前是土路，夏天坐车都不会把车窗摇下来，否则就全是灰尘。大一寒假回去发现换成了柏油路。之前都没有自来水，也没有足够的钱去挖井，只能自己去拉水回来，这几年家家户户都有了自来水。政府还为有才艺的村民们拨了款，支持他们发展才艺，甚至创业。这几年村里还开设了辅导班，为汉语基础薄弱的村民，提供了学习汉语的机会。发生在我身边脱贫扶贫的故事太多太多了，村里面的变化也是非常大，我见证了祖国的扶贫脱贫之路。我国经济社会的发展是精准扶贫产生的现实基础。而扶贫脱贫工作的进行尤其是精准扶贫工作的进行，不仅有利于经济社会的发展，也为中华民族伟大复兴奠定了基础。

一、新疆扶贫脱贫中面临的问题

（一）缺乏高素质专业化人才

新疆位于西北偏远地区，教育资源和师资力量与大城市相比差距较大，教育事业的发展较为滞后，尤其是贫困地区的教育发展更为不足。受教育程度的高低，很大程度上会影响一个地区劳动力素质的高低。教育资源的匮乏，会导致人才的匮乏。在脱贫致富的过程中，新疆极其缺乏高素质人才、复合型人才、专业型人才、创新型人才、高技能人才，致使经济发展缺乏活力。新疆地区的教育条件落后与师资短缺、教学设备数量不足、贫困地区人口思想观念的陈旧、对教育的认识不到位等原因有关，学生的辍学率较高。高素质专业化人才的培育离不开教育资源的支撑和政府的支持，有限的教育资源只能培养出有限的专业化人才，所以说解决教育资源的短缺问题也是新疆扶贫工作之一。高素质专业化人才的缺乏会造成一些领域内的空白，阻碍经济发展，不利于扶贫工作的开展。因此必须通过加强教育的发展来摆脱因教育导致贫困的死循环，通过培养大量的高素质专业化人才辅助扶贫工作的开展。

（二）自主发展能力水平低

脱贫攻坚不能只依靠外在的影响和帮助，更重要的是要依靠自身的发展"扶贫先要扶志、扶智"，是习近平扶贫开发战略思想的重要观点，是习近平总书记长期扶贫工作实践的理论总结。新疆贫困地区思想观念落后，不重视对下一代的培养问题，造成受教育程度较低，教育资源的落后，又加剧了人们对于教育的不重视，未能充分发挥出知识改变命运的优势作用。新疆贫困地区的教育未能跟上时代的步伐，使生产多以粗放型劳动方式呈现，从而造成生产力水平低下，自主发展能力薄弱。大多贫困地区第二、三产业的发展不足，产业结构不合理。因此加快提升贫困人口的自我发展能力是新疆贫困地区脱贫攻坚的根本要求，也是实施乡村振兴战略的题中应有之义。而由于新疆贫困人口的自主发展能力水平低，未能认识到科技脱贫的重要性，导致新疆精准扶贫工作的难度加大。

二、新疆精准扶贫措施

（一）构建专项扶贫体系

习近平总书记在第二次中央新疆工作座谈会上提出"要加大扶贫资金投入力度，重点向农牧区、边境地区、特困人群倾斜，建立精准扶贫工作机制，扶到点上、扶到根上，扶贫扶到家"。这几年，新疆每个农村贫困家庭都匹配了相对应的扶贫工作人员，工作人员充分了解每个家庭的情况，在脱贫扶贫工作中不落下任何一个人。要充分利用"驻村工作组"构建的专项扶贫工作机制，驻村干部在帮助贫困地区人民脱贫的同时，还应一边把党和政府的脱贫政策传达给每个贫困家庭，一边把贫困人民的真实诉求及时反馈给党和政府。

（二）推进"西部大开发"

"西部大开发"就是西部地区通过利用东部发达地区转移而来的资源优势建设自身。新疆通过利用东部地区的资金优势、人才优势、政策优势推动自身的发展，在实现经济增长的同时也促进了发展质量的提升，城乡面貌显著变化，人民群众的生活水平不断提升，体现出扶贫工作的优越性，并为扶贫工作顺利开展创造前提条件。国家以灾区重建的模式来扶持新疆，要求全国19个省市对口支援新疆。各省市需建立起在人才、技术、管理、资金等方面援助新疆的有效机制，优先保障和改善民生，并且要下大力气帮助新疆各族群众解决就业、教育、住房等基本问题，同时支持新疆相关特色产业的发展，这就是对口援疆计划。我所在的伊犁地区，这几年来在江苏省援助下，在教育、旅游、基础设施方面都有了重大的变化。

  这几年，家乡的变化让我甚是感慨祖国的伟大，我的家乡在祖国西北部的大山里，这么偏远的山区现在都建设得这么好了，祖国其他的地区的发展可想而知。我相信新疆在祖国的扶持下，在中国共产党的领导下，在自身的努力下会越来越好。我相信在中国共产党的领导下，祖国也会发展得越来越好，越来越强大。

2022 年 5 月 27 日

推荐老师：刘宁扬

基于南华县调研的全面建成小康社会重大历史意义解读

姓名：张紫涵　　　　　年级：2018级
学院：机械工程学院　　学号：02618103

"民亦劳止，汔可小康"出自《诗经》的《大雅·民劳》。小康，自古以来就是指中华先民所追求和向往的介于温饱和富裕之间的比较殷实的一种生活状态。小康社会，更是承载着中华民族孜孜以求的美好梦想。

党的十八大报告首次正式提出全面建成小康社会。"小康社会"是邓小平在20世纪70年代末80年代初在规划中国经济社会发展蓝图时提出的战略构想，用"小康"来诠释中国式现代化。"小康"概念开始与中国现代化及其发展目标、发展战略紧密联系起来，小康社会作为一个历史发展阶段深深地嵌入中国特色社会主义现代化进程中。从此，一条中国特色社会主义现代化道路在社会主义初级阶段蜿蜒而伸，通向中华民族伟大复兴和现代化强国的伟大目标。

新时代决胜全面建成小康社会的理论和实践，强调的不仅是"小康"，更重要、更难做到的是"全面"。"小康"讲的是发展水平，"全面"讲的是发展的均衡性、协调性、可持续性。讲"全面"，就意味着除了"五位一体"的总体布局外，还必须覆盖的区域要全面，实现城乡区域共同的小康；覆盖的人口要全面，实现惠及全体人民的小康。千家万户都好，国家民族才能好；千家万户都小康，才算是中国人民的全面小康。

此前，我们党一直重视扶贫减贫脱贫事业，其成为能否如期全面建成小康社会的事关全局的战略重点。扶贫减贫脱贫，既是发展问题，也是民生问题，更是体现社会主义公平正义的原则问题。于是，脱贫攻坚战打响了。习近平总书记说："没有农村的小康特别是没有贫困地区的小康，就没有全面建成小康社会。"让贫困地区贫困人口摆脱贫困，走上共同富裕之路，事实上成为全面建成小康社会的"一个标志性指标"。

2020年，中国所有的贫困县全部摘帽，这无疑是"人类历史上最伟大的事件之一"。

中国是全球最早实现联合国千年发展目标中减贫目标的发展中国家，先后让7亿多人口摆脱贫困，完成了全世界70%以上的减贫任务，在世界上没有哪个国家可以相比；如此大规模的减贫成就世界上也没有哪个国家能够在这样短的时间里做得到。全面建成小康社会，则意味着中国在基本上摆脱了绝对贫困以后，要解决相对贫困问题了。

从前，笔者对全面建成小康社会、脱贫攻坚等只有浅层次的认识，新闻报道带给人的体验感并不够真切。2020年的夏天，笔者去往脱贫摘帽的国家级贫困县——南华县开展调研。团队对话扶贫办，听"两不愁三保障"的基本原则解读，聚焦精准扶贫；走进雨露乡的山林沃土，上山观果林、下田识菊花、入村扎烟叶、进场寻生猪，在"种植养殖双丰收"的雨露中感受产业扶贫促发展的蒸蒸日上；探寻青瓦白墙小桥流水的易地搬迁集中安置点，走访"受帮扶换新居"的老人，听取他的脱贫经历、生活点滴。在这次活动中笔者切实感受到全面建成小康社会的重大历史意义，利国利民，重拳落在实处，自可百世流芳。

一、精准扶贫助力全面小康

团队采访了南华县扶贫办的段书记和李主任，就南华县的扶贫政策、发展历程等相关问题进行了请教。段书记和李主任在采访中指出，在扶贫工作中，南华县始终坚持"两不愁三保障"的基本原则，保证扶贫对象精准，真正做到精准扶贫，实现了"户户清，门门清"的基本目标。同时，他们坚持做到贫困户动态调整，贫困户脱贫但不脱政策，根据贫困户的实际情况及时重整贫困序列，让贫困户得到切实有效的保障。此外，南华县在扶贫工作中还实行干部挂包制，包括书记、县长在内的干部每人定点联系3~5户贫困户，加大帮扶力度，做到"十看十清"，形成了"县—乡—村—贫困户"的网格状精准扶贫。最后，李主任谈到，扶贫首先要扶智，即加强教育。除了增加教育经费投入，还实行"两免一补""送教下乡、送教上门"等有效的政策，取得了适龄儿童入学率百分之百的伟大战果。南华县的干部坚信"腿上不沾泥土，不知百姓疾苦"，保持优良作风，脚踏实地工作，这既是南华县打赢脱贫攻坚战的基础，也是全面建成小康社会的根本保障。

二、易地搬迁保障民生

在南华县龙川镇咪依噜风情谷，团队了解到龙川镇易地扶贫搬迁集中安置点及风情谷建设在扶贫中发挥的作用。

脱贫攻坚工作开展以来，龙川镇各级党组织充分发挥核心引领作用，做实易地扶贫搬迁工作、培养富民产业、发展乡村旅游业，实现贫困群众挪窝换新颜。针对全镇范围内12户"一方水土养不起一方人"的建档立卡贫困户，镇党委、镇政府认真分析研究，决定依托小岔河乡村旅游区实施易地扶贫搬迁集中安置，通过加快乡村旅游业发展，带动贫困户实现脱贫增收。为切实解决搬迁后贫困群众的致富问题，依托"咪依噜风情谷"旅游资源和山地资源，镇党委、镇政府千方百计想办法，培育延伸产业链条。

招商引资：镇党委、镇政府多次召开会议，充分听取村组干部及贫困户意见，研究制定贫困户入住和招商营运方案，最终确定二层以上用于解决12户贫困户54人的住房安置问题。建档立卡贫困户入住以享受易地扶贫搬迁补助政策资金为主，每户自筹1万元，不足部分从一层出租所得中回收。10幢房屋的一层统一打包招商经营旅游服务业，用于商业开发，建成集休闲娱乐、餐饮住宿、民俗展示、商品交易为一体的商业营运中心。

务工安置：把招商引资政策与对贫困户的帮扶相挂钩，负责整体运营的企业聘用入住的贫困户，解决了多名劳动力的工作问题。这些政策措施，在加快推进餐饮业发展的同时，使得搬迁到这里的贫困户通过打工或者经营产业来保证收入稳定，切实解决了其生活问题。同时，通过宣传动员、就业培训、政府引导等方式，共解决了21户25人的务工问题，其中外出11户15人，在岔河集中安置点附近就近务工10户10人。

稳定收益：采取"贫困户+合作社+企业"的发展模式，将100万元的产业发展资金投入南华县岔河乡村旅游专业合作社，对岔河易地扶贫搬迁集中安置点10幢房屋的一层用房，通过招商的方式引进有实力懂经营的企业承建，然后开发经营旅游服务业。由合作社与企业投资合作产生收益的模式，使全镇184户建档立卡贫困户每年户均增收342元。

同时，在风情谷内结合民族团结示范区建设，保留垛木房等特色民居及特色图腾、绘画、文字等装饰元素，沿袭迎宾、敬酒、跳歌等彝族风俗，组建民族歌舞表演队。依托乡村旅游业的发展，培训贫困户及当地群众利用传统手工艺制作并销售服饰、绣花鞋、荷包等民族刺绣艺术品及旅游工艺品，增加贫困群众及当地群众收入。

三、产业扶贫助推全面小康

雨露乡隶属云南省楚雄彝族自治州南华县，其支柱产业为种植业，现正大力发展畜牧、野生菌和经济林果产业。近年来，南华县雨露乡围绕解决贫困群众"两不愁三保障"的目标，把脱贫攻坚作为重要政治任务、最大发展机遇，在巩固脱贫攻坚成效上持续发力，使发展基础进一步夯实，产业带动成效明显，群众收入稳步提升。

雨露乡大力发展种植业，种植蔬菜大棚40余亩，以此带动周边农户发展种植业，同时也为乡里群众提供就业岗位。此外，雨露乡建成林果基地，种植冬枣、沃柑、软籽石榴、杨梅等水果，带动了全乡林果产业的发展，多渠道增加群众收入。

在乡间走访时，只见盈盈绿地间，片片花田灿若暖阳，散发着阵阵清香。农户介绍道，这是全乡新引进的万寿菊，目前共48亩，政府希望通过种植创新的方式改变传统农业种植产量低、增收难的现状。万寿菊作为新进产业，虽然目前还处于试验阶段，但是它种植简单、对土质和水分要求不高，投入少、成本低、易管理，每亩收入预计可达3000元以上。政府对此大力支持，除提供免费幼苗、免费技术指导外，还设置专门收购点全部回收，让农户种得安心、种得放心。

沪滇扶贫协作项目之一的生猪产业始终有序运营，扶贫效益显著。罗文生猪养殖小区建成标准化猪舍4栋，第三期工程的2栋猪舍建设和污水处理系统及其附属设施建设将于2020年底完工验收并投入使用。项目完工后，每年可养殖生猪两批共12000头，年收益120万元。

团队到达罗文养殖场的当天，正好赶上生猪出栏，一辆辆大卡车将肥硕健壮的生猪运出养殖场，现场热闹非凡。据介绍，猪舍内采用科学养猪形式，所有猪舍内设计有漏粪板和良好的通风、供暖设备，保持其生活环境干燥。正在施工的猪舍，均由产业扶贫资金支持，用于发挥产业扶贫资金效益，带动全乡383户贫困户发展生猪养殖产业，预期使贫困户年均增收1500元以上，为贫困户增收提供了稳定渠道，为脱贫攻坚奠定了坚实的基础。

从贫困县下默默无名的小乡镇，到实现多户稳定脱贫，立稳根基向更高处发展，雨露乡向着乡村振兴的新时代大步跃进。雨露乡之行，我们走进了年轻力量建设下的美丽乡村，感受到全面建成小康社会下的民生改善，体会到"决胜脱贫攻坚，投身强国伟业"的崇高理念。

2022年5月27日
推荐老师：徐广田

从乡村入手，促经济发展

姓名：王思颖　　　年级：2021 级
学院：人文学院　　学号：13A21820

　　随着近几年社会经济的不断发展，教育水平逐渐提高，政治教育也渐渐进入大众视野，人们开始意识到"看看世界""关心政治"的重要性。国家更是提出了加强形势与政策教育的呼吁，把这门课视为思想政治教育的重要内容，可见这门课程对我们每位学生的重要性。

　　所谓形势与政策，指的不仅仅是社会形势和国际局势，还是和政治、经济、文化各方面都息息相关的事。于个人而言，长时间以来的生活方式使我并未养成主动去关注社会时事的习惯，学校开设的这门课就提供了一个很好的平台，能让我积极主动接触社会动向，关心国家大事。

　　回顾近几年来我国取得的成就，我认为经济方面所取得的成就较为显著。21世纪以来，我国经济得到了迅猛发展，其中乡村的变化最为显著，因此乡村发展可以说折射了这一段时间中国经济社会的发展。

　　党的十八大以来，在以习近平同志为核心的党中央的坚强领导下，中国共产党凭借巨大的勇气和强烈的责任担当，解决了许多长期想解决而没有解决的难题，办成了许多过去想办却没有办成的大事，推动了党和国家事业发生历史性变革、取得历史性成就。经过长期努力，中国特色社会主义迈向了新时代。在这样的背景之下，我国的经济社会取得了一系列飞跃性成就，如何提升百姓生活质量成为新的重点。

2012年11月8日至14日，中共十八大在北京召开，这是在我国进入全面建成小康社会的决定性阶段举办的一次十分重要的大会。大会上提出，要在之前设立的全面建成小康社会目标的基础上努力实现新的要求，即经济持续性健康发展，人民民主不断扩大，文化软实力显著增强，人民生活水平全面提高，资源节约型、环境友好型社会建设取得重大进展，确保到2020年实现全面建成小康社会的目标。小康是指为中国广大群众所享有的介于饱暖和富裕之间的比较殷实的一种生活状态。纵观新中国成立后的经济发展，不难看出，由于国情等的转变，城乡间的贫富差距逐渐拉大，因此保持经济社会可持续发展、实现共同富裕、全面建成小康社会这一系列任务在乡村和偏远边穷地区显得尤为艰巨。

许多乡村之所以达不到小康的标准，闭塞和贫困应当是最为凸显的原因。习近平总书记曾强调过："全面建成小康社会、实现第一个百年奋斗目标，农村贫困人口全部脱贫是一个标志性指标。"消除贫困、改善民生、逐步实现共同富裕是中国特色社会主义的本质要求，是中国共产党重要的历史使命。为解决贫困"钉子户"这一难题，党中央把脱贫攻坚摆到治国理政的重要位置，提升到事关全面建成小康社会、实现第一个百年奋斗目标的重要高度，组织实施了人类历史上规模最大、力度最强的脱贫攻坚战。除了党中央之外，习近平同志本人也十分重视消除贫困问题。他先后主持召开了七次脱贫攻坚座谈会，足迹遍布全国十四个连片特困地区。在党中央的坚强领导下，全社会积极参与，广大党员发挥先进模范作用，"精准扶贫、精准脱贫""真扶贫、扶真贫、真脱贫"。被誉为"当代愚公"的毛相林同志，立志改变全村贫穷闭塞的命运，先是耗费7年时间带领乡亲在绝壁上凿出一条长达八千米的"天路"。在路修通以后，他又带头誓拔穷根，因地制宜寻找当地发展路线。历时十五年，引领村民探索培育出柑橘、桃、西瓜等产业，发展乡村旅游业，推进移风易俗，极大地改善了民风民貌。"我干了40多年村干部，最大的事情就是修了这条路。"他如是说道。到了2020年，他们村的村民人均纯收入已达13 785元，是修路前的43倍，真真正正地摆脱了贫困的"宿命"，也为脱贫攻坚战献出了一份力量。

当然，要想打赢脱贫攻坚战、实现全面小康，仅仅依靠党和个人的力量是远远不够的，还需要城市与乡村之间的联动发展。要注重扶贫同扶志、扶智相结合，深入实施东西部扶贫协作，利用先富带动后富，在此基础上有所重点地攻克深度贫困地区。为逐步缩小城乡之间的发展差距，持续促进城乡区域向更高水平更高质量协调发展迈进，在发展中营造新的相对平衡，国家提出了城乡区域协调发展战略。

要想促进城乡一体发展，缩小城乡差距，首先要做到明确各方优势。长期以来我国农村以源源不断向城市简单输出农业原材料、农村劳动力、农民储蓄资金等要素为主的状况必须改变，取而代之的是加快转向形成城乡要素双向流动、经济畅通循环和功能互补的分工协作关系，统筹实施新型城镇化战略和乡村振兴战略。要在挖掘农村绿色生态产业等特色优势的同时提升农村基本公共服务水平，激活农村发展潜力和活力，深入推动城乡要素市场一体化建设，畅通城乡经济循环，稳步提高农民收入水平。目前来看，我国农村地区基础设施建设水平仍明显滞后于城市，村民聚集地生活垃圾污染治理任务依然繁重，乡村建设无序、品质不高的现象也普遍存在。为此，应把提高农村人居环境摆在促进城乡一体化发展、面向实现共同富裕目标的重要位置，推进城乡生态建设和环境治理，切实提高农村地区基础设施覆盖水平和生态环境质量，引导和支持规划设计下乡，提高乡村规划建设水平，提升乡村人居环境质量。

至 2020 年 11 月 23 日，中国最后 9 个贫困县实现贫困退出，历时八年的脱贫攻坚战取得了漂亮的胜利。近一亿贫困人口实现脱贫，消除了绝对贫困和区域性整体贫困。农村人口的全部脱贫为实现建成小康社会目标任务作出了关键性贡献，脱贫地区的经济社会得到了飞跃式发展，整体面貌发生了历史性巨变，带动了中国经济社会的整体性进步，同时也为全球的脱贫事业作出了巨大贡献，交出了一份令世界震惊的完美答卷。

2022 年 4 月 28 日
推荐老师：杨竹山

今天的幸福

姓名：史猛猛　　　　年级：2018 级
学院：机械工程学院　　学号：02018336

"民亦劳止，汔可小康"。小康是中国人民自古以来一直孜孜以求的理想社会模式。从《诗经》开始，或者说更早以前，我们的祖先就一直在追寻着安定的幸福生活，可以果腹的食物，足以保暖的衣物，没有战争，没有苦疾。中国人民是最朴素的人民，土地是中国人民的根，生于斯，长于斯，有一天死去了，也依旧要埋葬于这片土地。土地是真诚的，你付出了汗水，它就会回馈你食物。日出而作，日落而息，安定的生活似乎不难实现，但是实际上，纵观历史，真正安居乐业的生活很多时候只是一种美好愿望。受制于生产力的落后和私有制的历史条件，数千年的中国历史中，历朝历代出现的所谓"盛世"，大都没有真正地实现"小康"，都没有真正地让全体百姓安居乐业、丰衣足食。

我们一直期盼着我们未曾得到的，尽管全面小康不曾实现过，但我们从未停止过对它的追寻。终于，在中国共产党的领导下，梦想变成了现实，虚幻触手可及。为中国人民谋幸福，为中华民族谋复兴，在中国共产党宣言的领导下，我们建成了全面小康。

在庆祝中国共产党成立100周年大会上，习近平总书记代表党和人民庄严宣告："经过全党全国各族人民持续奋斗，我们实现了第一个百年奋斗目标，在中华大地上全面建成了小康社会，历史性地解决了绝对贫困问题，正在意气风发向着全面建成社会主义现代化强国的第二个百年奋斗目标迈进。"解决绝对贫困，全面建成小康社会，这样的成就，是伟大而不可磨灭的。

"一箪食，一瓢饮，在陋巷，人不堪其忧，回不改其乐，贤哉，回也。"能够在贫困清苦的日子里，依旧乐观地坚守着自己的理想，不为外物所影响，这样的人，是贤人，是圣人，我们不能以这样的要求来要求全国人民，更不能要求他们认为这是幸福。什么是幸福呢？幸福当然不仅仅是物质上的充裕，但是，缺少了物质，幸福感必然是会大大降低的。可以说，幸福与否，物质经济是很重要的一部分，没有了物质经济基础，幸福就很难触及。食不果腹，衣不蔽体，是不会幸福的。我们一直渴望幸福，一直追求幸福。而全面小康的建设，就是一条通向幸福的道路，全面建成小康社会，解决绝对贫困，标志着我们在幸福之路上迈进了一大步，我们中的绝大多数人，已然是身处幸福当中。

笔者来自云南农村，自幼在农村长大。二十年间，见证了农村经济的变化，切切实实地感受到了我们的生活发生了天翻地覆的变化。幼时，我家一直住在土坯房，田间的黄土，掺上稻草，夯成一块块三十厘米见方的土坯，再一块块垒成房屋，这就是一个遮风避雨的家，周围邻居的家，也大都如此。印象最深的，是下雨之后，屋子里积起的没过小腿肚的雨水。每次大雨过后的清晨，都是在舀水。2011年，"一阵风"刮进了我们这个尚不算偏僻但依然贫困的小村，越来越多的人家建起了新的砖房，甚至原来的老村子都已经盛不下。越来越多的崭新的房屋开始沿着公路向村外蔓延，雨后，看到的是一片被清洗过后的碧蓝的天空和阳光下瓷砖反射的光，刺得人睁不开眼，这就是幸福。后来，我去了市里上高中，再后来，又来到了南京这个更大的城市上大学。从高中开始，好像整个世界变成高清的了，画质从流畅一下子变成了蓝光。我们的生活在肉眼可见地变得美好。今年寒假，我回到家乡，短短四年，她已然发生了天翻地覆的变化。路宽了，车多了，但是车子飞驰过后，路上却不见风沙。街市变得整洁，乱糟糟的摊位变得有序。小时候看起来好远的镇上的街市，现在不过是十几分钟的摩托车路程。村里的老式厕所大都被改建，越来越多的房子建在了路边。如果说这不是幸福，那幸福还会是什么模样？

我所见到的，所感受到的，只是这伟大成就中的"细枝末节"，但这样的一个个"细枝末节"，却一起组成了我们的全面小康。绝对贫困的消除，不是写在纸面上的，它落实在了我们的生活中，它倒映在了我们的眼睛里。这就是今天的幸福，稳稳的幸福。

2020年，我国统筹疫情防控和经济社会发展取得重大战略成果，不仅成为全球唯一实现经济正增长的主要经济体，而且国内生产总值达 101.6 万亿元（首次突破百万亿元大关）。人均国内生产总值约 72 447 元，稳居世界中等收入国家行列。按年平均汇率折算，2020 年我国国内生产总值占全球经济比重超过 17%，稳居世界第二位。加入世界贸易组织 20 年来，中国对世界经济增长的年均贡献率接近 30%。中国已成为世界第一大工业国、第一大货物贸易国、第一大外汇储备国，是世界经济发展的主要驱动力，为全面建设社会主义现代化强国奠定了坚实雄厚的物质基础。2021 年，尽管面对复杂严峻的发展环境，但在以习近平同志为核心的党中央坚强领导下，经过全国上下共同努力，我国疫情防控和经济社会发展继续保持全球领先地位，构建新发展格局迈出新步伐，高质量发展取得新成效，全年经济社会发展主要目标任务较好完成，"十四五"实现了良好开局。《中国经济周刊》上刊登的《"有信心、有条件、有能力促进经济平稳健康可持续发展"——国家发展改革委谈 2022 年经济走势》一文显示，2021 年，我国国内生产总值（GDP）达 114.4 万亿元，同比增长 8.1%，两年平均增长 5.1%；经济总量折合约 17.7 万亿美元，考虑汇率升值因素，增量达到 3 万亿美元，仍是世界经济恢复发展的最大贡献国，占世界经济的比重加速提升，人均 GDP 达到 12 551 美元，预计超过全球人均 GDP 水平，与高收入经济体门槛进一步接近。祖国经济的发展，让我们的生活更加美好，也让幸福的快车开得更快。

改革开放新时期，邓小平立足基本国情、现代化建设实践和人民群众的需要，创造性地提出了小康目标。"小康"这个充满中国传统文化色彩的美好愿景，由此成为中国实现现代化伟大征程中的醒目路标。从温饱到小康，从总体小康到全面小康，从全面建设小康社会到全面建成小康社会，小康，这个中华民族的千年梦想和夙愿，终于成为中华大地上全体人民的真实日子：经济更加发展、民主更加健全、科教更加进步、文化更加繁荣、社会更加和谐、人民生活更加殷实。

2022 年 4 月 25 日

推荐老师：杨竹山

共同富裕：辩证关系、面临难题、实现路径

姓名：宋佳熙　　　　年级：2019 级
学院：经济管理学院　　学号：14119113

  党的十八大以来，习近平总书记反复强调，共同富裕是中国特色社会主义的根本原则，实现共同富裕是党的重要使命。在以习近平同志为核心的党中央坚强领导下，困扰中华民族几千年的绝对贫困问题得到解决，我国经济实力、科技实力、综合国力和人民生活水平迈上了一个新的台阶，全面建成了小康社会。这些彪炳史册的成就，为促进共同富裕创造了前所未有的条件。

  促进全体人民共同富裕是一项长期历史任务，必须脚踏实地，久久为功，逐步推进。当前我国已经进入高质量发展阶段，但是发展不平衡不充分的问题尚未解决，新一轮科技革命和产业变革有力推动了经济发展，也给就业和收入分配带来一些负面影响，需要有效应对和解决。2022 年 3 月 5 日第十三届全国人民代表大会第五次会议上李克强总理作《政府工作报告》，将"扎实推进共同富裕、不断实现人民对美好生活的向往"作为经济发展政策取向的重要内容。站在新的历史阶段，实现全体人民共同富裕需要更有针对性、时效性和精准性的实现路径。

  梳理新阶段共同富裕的内涵、实践路径、面临难题和解决方案，有助于深入把握共同富裕的内在机理，提供走好共同富裕的路径建议，兼具理论意义和现实价值。本文剖析了共同富裕中的若干辩证关系，梳理了现有的共同富裕相关政策措施和新时代背景下实现共同富裕面临的难题，进而提出了扎实推进共同富裕的对策建议。

一、共同富裕的内涵及创新实践

（一）共同富裕内涵剖析

习近平总书记强调，"共同富裕是全体人民共同富裕，是人民群众物质生活和精神生活都富裕，不是少数人的富裕，也不是整齐划一的平均主义"，这高度凝练了共同富裕的基本内涵。

第一，共同富裕不是少数人的富裕，也不是部分地区的富裕，而是人人参与、共建共享、共同致富的普遍富裕。共同富裕是在"共建"的基础上，更充分、更公平地"共享"勤劳创新的奋斗成果，进而使城乡差别、地区差别和群体差距不断缩小且处于合理差距水平的富裕。马克思在对未来共产主义世界的预想中提出"每个人的自由发展是一切人的自由发展的条件"。实现共同富裕，向着共产主义目标迈进，最终是要实现每个人的自由发展。

第二，共同富裕既指物质财富上的丰裕，也指精神生活上的满足，是"生活富裕富足、精神自信自强、环境宜居宜业、社会和谐和睦、公共服务普及普惠"的全面富裕。物质生活的富足，是以高质量发展为基础的更有效率的平衡、协调、可持续的发展。精神生活的富裕，是在社会主义核心价值观引领下，人民群众多样化、多层次、多方面的精神文化需求不断得到满足。

第三，共同富裕不是同时富裕或平均富裕。党的十二届三中全会通过的《中共中央关于经济体制改革的决定》明确指出："共同富裕决不等于也不可能是完全平均，决不等于也不可能是所有社会成员在同一时间以同等速度富裕起来"。不同地区、不同人群资源要素禀赋不同，富裕的实现有时间先后之别、程度高低之分。因此共同富裕是一种逐步发展、循序渐进的过程富裕，不可能一蹴而就，需要在动态发展中循序渐进、不断进步。

共同富裕的内涵在党带领人民的发展历程中不断丰富，不同的时代特征深刻影响着共同富裕所指向的特征和层次。在共同富裕到来之时，个体占有的与自身相关的各种资料，如生产资料、空间资料、发展资料、精神资料等，在数量和质量方面符合不断发展的生产力，并且在整个人类历史发展过程中达到较高丰裕度；个体不断完善所形成的群体性，在获得以上几种资料在质量和数量上与他人无实质差别或差别不悬殊。共同富裕时代就是这样一个关联个体和共同体的全方面多维度的丰裕时代。

（二）推进共同富裕的创新实践

为实现共同富裕，自改革开放以来，在经济民生的各个方面，我国都采取了大量的举措，包括西部大开发、免除农业税、免除九年义务教育学费等，让一部分人先富了起来，提高了人民的整体生活水平。现在迎来共同富裕的第二大阶段，我国提出了建设共同富裕先行示范地区的创新举措。

2021年6月10日，中共中央、国务院印发《关于支持浙江高质量发展建设共同富裕示范区的意见》（简称《意见》），赋予浙江省在新发展阶段承担共同富裕探索路径、积累经验、提供示范的重要使命。《意见》提出了具体发展目标并从以下六个方面给出了具体推进思路：提高发展质量效益，夯实共同富裕的物质基础；深化收入分配制度改革，多渠道增加城乡居民收入；缩小城乡区域发展差距，实现公共服务优质共享；打造新时代文化高地，丰富人民精神文化生活；践行绿水青山就是金山银山理念，打造美丽宜居的生活环境；坚持和发展新时代"枫桥经验"，构建舒心安心放心的社会环境。

为全面响应中央文件精神，浙江省紧紧围绕高质量发展高品质生活先行区、城乡区域协调发展引领区、收入分配制度改革试验区、文明和谐美丽家园展示区"四大战略定位"，明确"四率先三美"发展目标和"七个先行示范"实施路径，明确56个指标以及到2022年、2025年的两个阶段性目标，率先制定了《浙江高质量发展建设共同富裕示范区实施方案（2021—2025年）》，对具体任务进行系统部署。

二、共同富裕的若干重要辩证关系

（一）生产力和生产关系的协调发展

富裕属于生产力范畴，共同属于生产关系范畴，共同与富裕之间的关系就是生产力与生产关系的相互关系。

共同富裕包括生产力和生产关系两个方面，二者缺一不可。离开了富裕的共同与离开了共同的富裕，都不是社会主义。这决定了在推进共同富裕的进程中，必须统筹实现生产力和生产关系两方面的协调发展，实现富裕和共同之间的平衡以及相互促进。从这个意义上说，共同富裕属于发展的范畴。习近平总书记在庆祝中国共产党成立100周年大会上的讲话中，把"推动人的全面发展、全体人民共同富裕取得更为明显的实质性进展"，放在践行以人民为中心的发展思想中。他在中央财经委员会第十次会议上提出的"坚持以人民为中心的发展思想，在高质量发展中促进共同富裕"，仍然把共同富裕与以人民为中心的发展思想联系在一起。因此，决不能把共同富裕仅理解为生产关系范畴，更不能仅理解为生产关系中的分配范畴。否则，在理论上，就会误解共同富裕的丰富内涵；在实践上，就会导致在推进共同富裕中忽略生产力的发展而不断推进生产关系的变革，由此带来的历史教训极其深刻。

因此，必须依据生产关系适应生产力发展的矛盾运动规律，科学认识共同富裕的运动规律，在推进共同富裕进程中自觉遵循客观规律。

（二）全体共同富裕与个体全面发展的内在统一

在新时代的发展要求中，共同富裕的实现与人的全面发展紧密关联，对此，习近平总书记明确指出："促进共同富裕与促进人的全面发展是高度统一的。"

共同富裕是人的发展的现实基础，人的发展是共同富裕的价值基础。共同富裕为满足人的发展的多重需要提供物质基础，创造更广阔的社会空间。在中国特色社会主义制度的保障下，共同富裕促进人的交往实践和社会关系的全面和丰富，从而为人的自由全面发展提供良好空间。而个人的发展实现了共同富裕这一伟大目标的价值呈现，每个人的全面发展是共同富裕的最终追求指向。

以人的发展推动共同富裕，以共同富裕推动人的发展，共同富裕以推动人的能力提升和全面发展为方向。共同富裕目标的实现是为了达到人民的全面发展，实现每个人的价值实现，而共同富裕的实现又需要人人参与、共同奋斗。每个人都是推动共同富裕的加速器，而共同富裕的目标又是指引个人发展的推动器。

因此共同富裕与人的全面发展是内在统一的，二者互相促进，共同发展。处理好两者部分和整体的关系，让全体人民群众实现共享共富，是共同富裕的本质要求。

（三）效率与公平的平衡兼顾

公平和效率的关系，实际上是政府与市场的关系，这是实现共同富裕必须处理好的一对核心关系。

第一，共同富裕是由"共同"和"富裕"两个关键词组成的。"富裕"需要把蛋糕做大，做大蛋糕需要发展，这就对效率提出了要求。"共同"则体现公平，这就要求把蛋糕分好。做大蛋糕和分好蛋糕是一对辩证关系，两者同样重要。就现实国情而言，我国尚处于中等收入国家行列，距离高收入国家还有不小的差距，这意味着在今后一段相当长的时期内，经济发展、把蛋糕做大仍然是我们的重要任务，发展仍然是硬道理。我们所追求的共同富裕，首先是富裕基础上的"共同"，而非"共同"基础上的富裕。所以，共同富裕只能在坚持发展中加以实现，离开了发展这个基础，就谈不到共同富裕。促进共同富裕，必须坚持做大蛋糕和分好蛋糕并举，兼顾效率和公平。

第二，公平与平等不是一回事。平等是一种状态的描述，如我们常用的基尼系数指标，就是用来描述收入差异状态的。公平则附加了价值判断情况下对平等状态的认识，它至少包括了机会公平、过程公平和结果公平三个方面，实质是一个不可分割的统一体。共同富裕不是也不应当是绝对平均主义。在个人能力禀赋存在差异的现实社会中，绝对平均主义是典型的平等但不公平现象。因为它抹杀了个体差异。所以，我们所追求的共同富裕，不是搞平均主义，而是有差别的多维公平的共同富裕。只有在初次分配中体现机会公平和过程公平，在再分配过程中体现结果公平，同时遵循公平原则实施三次分配，才可在保证公平的同时使其保有对创新和勤劳的激励作用。这不仅有益于整个社会形成正确的公平观，更有益于最终走向公平和效率的统一。

总之，我们既要发挥有为政府作用，努力推进社会公平正义，更要充分发挥有效市场和活力社会作用，强调"合法经营、辛勤劳动、多劳多得、市场评价"观念，调动广大人民群众和社会各方面积极性、主动性和创造性，为共同富裕创造并提供"源头活水"。

（四）物质富裕和精神富裕的协同推进

坚持以人民为中心，扎实推动共同富裕，不仅包括人民物质生活共同富裕，也包括人民精神生活共同富裕，是物质富裕和精神富足有机统一的共同富裕。

精神富足是共同富裕的重要内容。马克思主义认为，人的需求是多层次的，除了物质生活的需求，还有精神生活的需求。在实现共同富裕过程中，人民美好生活需要日益广泛，既对物质生活也对精神生活提出更高要求。因此，共同富裕不仅是指人民在物质层面上的富裕，也是指人民在精神层面上的富足。只有物质需求与精神需求共同得到满足，物质富裕和精神富足共同实现，才能更好地推动人的全面发展、社会全面进步。

物质富裕和精神富足相辅相成，符合马克思主义基本原理，是社会文明进步的具体体现，符合中国式现代化的重要特征。作为共同富裕的一体两面，物质富裕和精神富足同等重要，缺一不可，又相互促进，体现了辩证统一关系。一方面，物质富裕为精神富足创造条件。"仓廪实而知礼节，衣食足而知荣辱"。这句几千年来传颂的名言印证了一个唯物主义的道理，只有具备了一定的物质基础，精神生活才具备相应的条件得以展开。正是基于对物质富裕在共同富裕过程中起决定性作用的认识，我们党始终把促进经济发展进而不断增进民生福祉作为一项重大战略任务来抓，鲜明体现了经济发展服务于物质富裕和精神富足的目的性。另一方面，精神富足为物质富裕提供价值引导和发展动力。先进的思想文化一旦被群众掌握，就会转化为强大的物质力量。在扎实推动共同富裕过程中，如果只重视物质富裕而忽视精神富足，就很可能导致物质文明建设不能按照正确的方向前行。精神富足在很大程度上影响物质富裕的进程和方向，是走向共同富裕的题中应有之义。

因此，处理好物质和精神的关系，实现人民物质富裕和精神富足平衡，使物质文明与精神文明协调发展、共同进步，才能真正实现共同富裕。

三、当今面临的难题及解决方案

（一）道德观价值观问题

（1）当今部分个体的错误道德价值观念

当前社会上出现的一些错误的道德观念和价值观念，既有悖于中华优秀传统文化精神，也是人们精神贫困和心灵空虚的集中体现。其中比较突出的有为富不仁、"躺平"为善、以穷为荣等。

"为富不仁"观念认为，富人都是不仁爱的、不道德的。这种观念在私有制社会有其合理性。因为私有制社会中作为统治阶级的富人为了维护其统治地位，必然对被统治阶级进行压迫和剥削，从而造成阶级对立和进一步的贫富差距，导致广大穷苦阶级产生仇富心理。但在公有制社会特别是社会主义社会里，国家政权掌握在全体人民手中而非仅仅富人手中，合法致富是受到社会鼓励的行为，富人不仅不受歧视，反而受社会尊重；富人与穷人不是对立的，许多富裕起来的人致力于慈善公益事业，帮助其他人致富，因此富人和穷人是根本利益一致基础上的互助共赢关系。所以，在中国特色社会主义社会，为富不仁的观念是极为腐朽的，应该被颠覆。

"躺平"是当今社会尤其青年中比较流行的用语，意为逆来顺受、不再鸡血沸腾、不再渴求成功的无所作为现象。"躺平"对于实现共同富裕是不利的。当前我国的经济发展面临着人口老龄化和疫情等多方面严峻挑战，高质量发展离不开青年的创造性贡献。相较于"未富先老"这一特殊历史背景促成的客观趋势，"未富先躺"这一现实问题带来的主观倾向同样需要引起我们警惕。关注"躺平族"，让"躺平族"愿意奋斗，对于面临转型发展任务的我国尤为必要。

"以穷为荣"顾名思义，把贫穷看作光荣、看作善。贫穷很难实现人的自由全面发展，而富裕特别是共同富裕能够使人们享受丰裕的物质生活和丰富的精神生活，共享其他社会发展进步的成果，因而推动了人的自由全面发展。因此在新时代这样的观念是错误的，以富为荣尤其以共同富裕为荣的观念是符合历史发展方向的，应该大力倡导。

共同富裕这一实践行为需要精神意识的作用，才能稳定推进，逐步实现。拥有充裕的经济财富的同时拥有高尚的道德情操和文明的社会行为，应该是共同富裕时代下每个人的"标配"。因此，要想实现共同富裕，必须用相应的精神观念教育引导人们，让人们普遍认同共同富裕的理论合理性与价值合理性，推动共同富裕。

（2）正确的道德价值观念的培育

首先，培育自我要求的勤俭创新观念。"富裕"是"共同"的基础，夯实这个基础需要主体的勤劳、节约、创新等相应的美德。第一，勤劳创造财富，"一分汗水，一分收获"就说明劳动与财富的必然联系。第二，个体节约财富，不仅尊重了财富，而且在一定意义上增加了个体的财富，为富裕与共同富裕奠定物质基础。第三，创新激增财富，发明运用新技术新方法会极大地提高劳动生产率，生产出比勤劳节俭更多的财富，带来社会繁荣。

其次，鼓励对待他人慷慨大方。慷慨大方要求富裕后的自我对他人作出贡献，带动他人一起致富。新时代的慷慨大方美德回应了第三次分配，该分配鼓励先富起来的人们基于社会责任，在自觉自愿的基础上付出自己正当财富的一部分，帮助穷人和社会不利者改善生活、教育、医疗等条件，缩小穷人、社会不利者与富人之间的差距，让穷人、社会不利者过上有尊严的社会生活。因此，慷慨大方能够得到社会各方的高度认可，有利于推动共同富裕。

最后，大力倡导公平正义。公平正义是实现共同富裕的重要手段，也是共同富裕必须倡导的道德观念。公平正义是对社会的要求，是社会采取主动，实现全体社会成员的公平包括财富公平，推进共同富裕。

（二）数字化经济的多重影响

（1）数字经济对收入分配的影响

虽然数字技术在整体上会促进经济发展，降低社会生产成本、提高生产效率，在构建新发展格局、推动产业融合发展等众多方面具有强大优势，但其在相当程度上会对收入分配产生影响，拉大贫富差距。

从数字技术带动经济发展的一般性来看，技术进步与收入分配和财富差距的关系可以从两个角度来分析。一是从历史角度看，每一次大的技术进步都会显著提高劳动生产率，从整体上促进经济快速增长和社会发展。但在收入分配方面，有更多证据表明，技术进步常常伴随着收入分配和财富差距的扩大。二是从技术创新的经济学视角来看，政府为鼓励创新设立了专利保护制度，专利保护制度同时又会在一定程度上保护垄断阻碍竞争。因此，技术创新在经济上的成功反而很大程度上会加大收入分配差距。

从数字技术带动经济发展的特殊性来看，第一，数据作为生产要素被不平等使用和占有。大量数据实际掌握在一些大型互联网企业手中，他们可以凭借技术优势无偿或低成本使用数据要素。第二，数据要素具有规模报酬递增的特性。这决定了数字经济众多行业具有自然垄断的属性。第三，数字经济具有网络外部性。当数字经济达到一定规模之后，网络外部性将促使具有优势的网络快速自动"生长"。第四，互联网平台具有双边市场的特性，这一特性会使处于平台两侧的供给者和需求者相互吸引至同一个平台，导致具有优势的平台快速形成垄断。

（2）发挥数字技术正效应，降低负效应

为发挥数字技术在做大"蛋糕"方面的积极作用，尽可能降低和消除其对收入分配的不利影响，促进共同富裕，需要在以下两方面做出努力。

第一，加强对数字经济的合理规制，使其在规范中发展。一是对数字产品和服务进行价格规制，在允许少数企业寡占市场的同时，对他们提供的服务和产品进行限价。二是在数字企业的数据收集与挖掘、算法规则的可解释性及其目标函数的透明度等方面加强监管，提高算法的可解释性和目标函数的透明度，在鼓励创新、促进竞争和增强社会总福利之间实现动态平衡。三是降低数字行业的进入和退出成本，增强这些行业的可竞争性。四是探索和尝试在合理的补偿机制下打通各类数字平台业务，实现用户跨平台访问、企业跨平台服务和流量共享等。

第二，加快建立与数字经济相适应的收入分配制度。首先，坚持体现效率、促进公平的原则，探索数据要素参与一次分配的理论基础和可行方案。加快数据要素的确权工作，同时确保数据安全和隐私保护。其次，研究制定与数字经济相适应的二次分配制度。根据数字经济的特点建立与之相适应的公平税收征管体系，研究出台数字调节税，让数字税在调节收入分配方面发挥应有作用。

（三）不同收入群体的影响

（1）不同收入群体的角色定位

不同收入人群在推进共同富裕目标的共建和共享方式和诉求方面是不同的，因此有必要将全体人民划分为高、中、低收入人群，分析不同人群的创造财富的能力和共享财富的途径，进而实现个体间的有效合作，稳步向共同富裕的目标迈进。

（2）不同群体致富方式和能力分析

个人参与市场经济活动的方式是其致富能力的基础，不同的参与方式形成了不同的要素报酬。低收入群体往往只能通过提供劳动力来参与经济活动；中等收入群体通过劳动、技术等方式参与经济活动；高收入群体通过提供劳动、技术、资本等方式参与经济活动。所拥有的资本要素的不同是高收入群体与中、低收入群体在参与市场经济活动中的主要差异。

在社会主义市场经济中，收入分配制度决定了不同群体通过贡献生产要素所获得的收入多少。初次分配中要素报酬的差异形成了不同群体致富能力的差异。高收入群体除了劳动报酬外还能获得大量的资本性收入，而资本性收入增长速度大大超过劳动收入增长速度，扩大了与中、低收入群体之间的差距。在要素禀赋差异和要素边际报酬差异的双重作用下，不同群体形成不同的致富能力。

（3）不同群体致富能力的提升路径

首先，在市场机制运行中，不同群体和个人都应获得平等的机会，这有利于缩小不同群体之间致富能力的差距，提升全体人民的致富能力。其次，需要一个科学的公共政策体系，在财富分配中形成人人享有的合理收入分配制度。因此，不同群体致富能力提升要以机会平等和激励相容为价值目标，针对不同群体致富能力的内在差异，发现致富能力的提升路径。

第一，提高低收入群体的收入水平，推动低收入阶层跨入中等收入阶层是实现共同富裕的重要目标。由机会不平等导致的致富能力的差距需要通过制度安排的调整加以矫正，通过补偿和矫正某些制度性因素导致的不平等，促进基本公共服务均等化。首先，要通过政策体系的优化来提高低收入群体的人力资本水平，以机会平等为价值目标，使得其子女有平等的受教育机会和享受同样的教育资源，通过人力资本的积累来打破贫穷的代际传递和恶性循环。其次，要提高整个社会的流动性，实现要素和人的自由流动。最后，要提高劳动报酬在初次分配中的比重，增加一线的低技能劳动者的报酬。

第二，中等收入群体的占比是衡量共同富裕的一个重要指标，要提高技术、知识等生产要素的报酬，鼓励中等收入群体进行干中学，进一步提升人力资本水平。首先要提高技术性劳动力的工资水平。其次是提升中等收入群体的人力资本水平，通过干中学来进一步提升其自身的劳动技能和知识水平，从而获得更多的劳动收入。另外，中等收入群体要通过承担可接受范围内的风险来获得资本性收入，在已有财富基础上进行资本投资。

第三，激励高收入群体进一步发展，提升其富裕程度，要以公平为核心原则，依法保护各种所有制经济产权的合法利益，依法保护各种所有制经济组织和自然人的财产权。要在市场机制中发挥企业家精神，保障企业家和其他高收入群体的合法收入，同时，需要增强个人所得税的累进性从而调整高收入群体的收入结构，适当减少其资本性收入。

共同富裕的实现是长期性、艰巨性和复杂性的，要充分包容和理性对待现存的适度差距，避免急于求进，平衡对富裕水平和共享程度的追求，避免过偏过倚，坚持循序渐进，阶段性持续推动，不断取得成效。

四、共同富裕的实现路径

（一）党与政府引领多元主体积极联动

在向共同富裕目标迈进的过程中，党要统领一切，积极完善连接基层政府、市场、社会组织和人民个体的服务体系，确保各项惠民利民政策落到实处，使政府、市场和社会之间积极关联。第一，应充分发挥好党在社会治理多元主体统筹中的核心领导地位和协调各方的能力。党要严格把控社会治理的大方向，注重把市场机制、政府机制和社会机制，遵循效率原则、公平原则和需要原则有效结合起来，促进多元主体的工作机制建设，积极引导与营造出社会协同、共建共享的氛围。同时党要注重转变政府职能，让政府向服务型政府发展。第二，政府要在坚持党的领导下，调动多种资源，整合各方力量，在串联多元主体形成社会治理工作的融合面的过程中，充分发挥衔接作用，将多元主体的工作进行有效串联，推进共同富裕的实现。

（二）三次分配有效配合

按照比较优势发展经济，可在一次分配的时候就同时完成效率和公平之间的统一。从效率角度来看，按照比较优势发展经济，企业的要素生产成本可以大大降低，在国内和国际市场中更具优势和竞争力。从公平角度来看，按照比较优势发展经济，可以创造最多、最大的就业机会。按照比较优势来发展经济，低收入群体主要的收入来源，也就是劳动所得的工资会不断上升，而高收入群体的收入主要来源，即资本的报酬会逐渐相对下降，收入分配也就会更加公平。这样既可以把"蛋糕"做大，又可以在经济发展的过程中让收入分配变得越来越公平，将"蛋糕"切好分好。

（三）继续完善社会保障体系，扩大物质基础，进一步发挥再分配功能

通过有效的社会保障制度缩小收入分配差距，促进改革发展成果更加公平地惠及全体人民，特别是低收入群体，扎实推进共同富裕，取得更加明显的进步，是新的发展阶段的新课题。在"十四五"期间，中国应加强制度的统一性、规范

性和公平性,进一步调整财政支出结构,通过社会保障制度使公共财政更加惠及民生,通过政策精准发力,引导市场主体与社会力量及个人与家庭积极参与。

(四)促进慈善事业发展,充分发挥第三次分配的有益作用

近年来,中国民间财富积累日益丰富,但慈善事业发展滞后,先富裕起来的群体尚未形成热衷于慈善的风尚。党的十九届五中全会进一步明确了"要发挥第三次分配作用,发展慈善事业,改善收入和财富分配格局"。发展慈善事业,培育慈善组织,发挥第三次分配的作用,对于帮扶困难群体、促进共同富裕、提升社会治理水平有着非凡的意义。一方面,国家要运用好"捐赠穷弱"分配方式,鼓励有条件的个人和单位捐赠财物给贫者、弱者和遭灾难者;另一方面,在通过比较优势发展经济的基础上,由于政府财政税收中用来做二次分配的资源增多,国家也可以用比较合适的税收去鼓励这些高收入群体去进行一些积极的社会公益活动。

(五)提升人力资本,夯实动力基础

为推动高质量发展,应坚定"人才是第一资源"的理念,全面提升人力资本,大力培养高素质劳动者,夯实高质量发展的动力基础。高质量发展需要高素质劳动者。提升人力资本的关键在于提升教育质量,应加快推进教育现代化,深化教育教学改革,建设教育强国。一是要全面提高义务教育质量。提升教学质量,推进双减政策,促进人的德智体美劳全面发展,为学生终身发展奠基。二是要加大技能人才培养力度。深化职业教育改革、完善现代职业教育体系,着力培养高素质劳动者和技术技能人才。三是要推动高等教育内涵式发展,培养具有国际视野、有自主研究和创新能力的高素质人才,促进其在社会发展中学有专长、学有所用。四是要促进民办培训教育健康发展,提升整体教育资源质量。

(六)推动国民共进,激发主体活力

应深化经济体制改革以充分发挥市场在资源配置中的决定性作用、激发经济主体活力与创新潜力。高质量发展需要充满活力的市场经济主体。面对国有企业效益不高、民营企业活力不足的双重困境,需坚持和完善社会主义基本经济制度,更大程度更广范围发挥市场在资源配置中的基础性作用。一是要深化国有企业改革、增强国有企业实力。加快建立和完善中国特色现代企业制度,调整优化国有企业结构、提高核心竞争力。同时,在更高水平的对外开放中充分发挥国有企业在基础设施、电信等行业的产能、技术与经验优势,持续增强国有经济的创新力和影响力。二是支持民营企业发展、助力民营经济。应为民营企业营造公平竞争、自由发展的营商环境;加快推进金融体制改革、发展多层次资本市场、创新金融

服务模式，提高金融服务于实体经济的能力；大力发展数字经济，适当超前建设基础设施，释放数字红利，为民营企业发展赋能。

（七）完善公共服务体系，实现教育机会平等

政府提供的公共服务是中低收入群体向上跨越的"安全网"和"助推器"。第一，社会保障制度作为一种风险化解机制可以为丧失劳动能力者、低技能劳动者、创新创业失败者提供最基本的生活保障。因此要进一步完善社会保障体系，发展多层次、多支柱的养老保险体系；健全医疗保险制度，化解因病致贫、因病返贫等问题；完善社会救助与社会福利体系，有针对性地进行救助帮扶，加大社会保障相关的公共服务支出，发挥好社会保障制度的"安全网"作用。第二，通过政府的补贴和帮扶，切实提高低收入阶层的人力资本水平，尤其是其子女的人力资本水平。公共服务要保证低收入和贫困阶层的子女从生命周期开始阶段就获得良好的营养和认知能力，为积累在全生命周期参与经济高质量发展的人力资本打下坚实基础。通过教育制度的安排，统筹城乡、区域教育发展，解决教师结构性缺员问题，提高教师福利性待遇，提升民族地区、贫困山区教育质量。

五、结语

"路虽远，行则将至；事虽难，做则必成。"在朝着共同富裕目标前进的道路上，我们党从不懈怠、永不停滞。促进全体人民共同富裕是实现人的全面发展和社会全面进步的一场深刻社会变革，是一项长期历史任务，必须脚踏实地，久久为功，逐步推进。

当前我国面临着疫情的严峻形势，且本身发展仍不平衡不充分，数字经济对收入分配产生了一定负面影响，社会中也存在一些错误的思想观念，需要党和政府引领多元主体积极联动，引领市场主体实现高质量发展的同时，兼顾分配公平，完善公共服务体系，进而推进国民共进，在高质量发展中向共同富裕目标的实现稳步迈进。

2022 年 5 月 27 日

推荐老师：潘勇涛

新时代背景下数字经济发展浅谈

姓名：唐铭希　　　　年级：2019 级
学院：电气工程学院　　学号：16019402

在 2022 年春季形势与政策的第一次专题讲座中，主讲老师分析了许多影响当今中国经济发展的时事情况，让学生深刻了解到中国现如今经济发展的机遇与挑战。本次心得体会我的主要思考点可以概括为"三面一业"，即是从疫情影响、逆全球化举措、经济"放水"政策这三个方面思考对数字经济这一新兴产业的影响。

几十年来中国经济一直力争快速发展，已经走过了经济发展的第一阶段。现在，我国进入经济发展新阶段，经济发展目标从原来的追求经济增长数量转变为现如今的追求经济增长质量与效益。那么社会发展新动能在哪里呢？这也是上课老师问的问题之一。当时我在课堂上的回答是，"我觉得我们现在的外卖平台、滴滴出行这些打车平台是新动能"，这个回答显然没有概括到这些平台产业后面的核心，也就是"数字经济"。其实十九大报告就有提出"推动互联网、大数据、人工智能和实体经济深度融合，在绿色低碳、共享经济、现代供应链、人力资本服务等领域培育新增长点、形成新动能"。这充分表明以大数据、云计算、区块链、移动互联网为核心内容的数字经济已经获得我国政府的高度重视，而这些数字经济的衍生产业，比如滴滴出行、共享单车、饿了么外卖等已经在近几年深入了我们的生活，和我们的衣食住行息息相关。

数字经济发展良好的态势在如今的形势下会受到什么影响是一个值得思考的点，本文下面将从三个方面进行调研分析以及思考。

一、疫情下的数字经济

新冠肺炎疫情出现后一段时间,各地有序推动复工复产。在产业恢复发展的同时,数字经济在面对疫情时迸发出的超常韧性,使我国经济抗风险能力得到全面提升。

在疫情推动下,各种在线服务不断涌现,保证了人们生活和学习的基本需求,为实体经济带来生机的同时,也催生了一批数字经济。通过在网上查询到的相关资料可以直观感受到疫情对经济的重大打击。中国工业新闻网发布的《疫情凸显数字经济强大韧性》一文显示:餐饮零售业仅2020年春节7天内的经济损失约为5000亿元,全国约有40余万家教育培训机构暂停线下授课,100多家商场闭店,约有96家房地产企业破产。数字经济在这时应运而生。如很多学校积极利用互联网平台向学生在线授课,全国有近300家医疗单位针对疫情提供在线义诊,每日优鲜、叮咚买菜等生鲜平台日订单同比增长3至4倍,通过钉钉在家办公的人数多达2亿人。从这些对比强烈的数据看出,数字经济的衍生既极大减少了人员流动,降低了疫情传播风险,也为稳定经济增长做出非常积极的贡献。

数字经济的创新不仅仅体现于疫情期间受创的行业。我在网上搜索各地新闻时就有发现很多传统产业也运用信息技术开展数字化转型,实现平抑风险、提质增效。比如山西上坪一农村电商发展加快线上线下融合,整合了农户、总包商、分销商、物流配送等多种资源,为当地生活必需品稳定提供了坚实的保障。疫情防控为我们国家的产业数字化融合发展开辟了新的空间,让我们看到很多行业,特别是一些"夕阳红"产业焕发了新机。

在医院线上问诊、门禁人脸识别信息瞬间调用、核酸检测信息二维码等等数字经济大展宏图的场景下,其不足也在不断实践中慢慢出现。首先是产品供给的数字化程度薄弱,举个例子,疫情发生后,市场一度出现口罩、消毒剂、防护服等物资断供的局面,对于生产信息,政府不知、医院不知、生产商不知、信息不对等。其次是大数据应用水平不高,数据来源众多,数据质量参差不齐,个人信息滥用的行为和虚假数据传播的情况依然存在。因此,数字经济需要在这方面下足功夫,多引进高技术人才,采取更多有效举措。

二、逆全球化与数字经济的碰撞

一方面,数字经济在疫情等因素下大力发展,"肉馅"越来越多,但是另一方面,运营空间也就是"饺子皮"面积却在不断减少,如果处理不当,可能就会破皮。这实际上是经济发展和对外贸易（全球）之间的碰撞。我们知道全球化是一个不可逆转的趋势，是工业革命和市场经济发展的必然逻辑。但是在这个过程中，单边贸易主义、保护主义等控制手段阻滞着全球化的发展，这种阻碍全球化发展，甚至隐隐倒退的现象就是逆全球化了。

逆全球化和数字经济的碰撞，其实也就是中国的对外开放、对外经济输出和国外保护主义、单边主义的碰撞。在一篇名为《逆全球化影响因素简析》的文章中提到了这样一种逆全球化的特征表现："技术创新与技术扩散的速度都在放缓。技术扩散方面，郭强引用OECD的研究结论，认为技术扩散的引擎可能放缓，甚至停滞不前；Halda使用英国企业的例子也说明了技术在不同企业间扩散的壁垒正在加大。"我们知道数字经济的发展有很大一部分来源于新兴科技，因此，这种壁垒，无疑会减缓数字经济的进一步发展。

从根本上来讲，抛开数字二字，我们可以轻松地发现，这种阻滞经济全球化的举措会对所有的经济体造成不同程度上的压制。近十年来，以美国、英国为代表的发达国家走向了曾经所倡导的全球化的反面，跨国贸易、投资和技术进步都出现放缓的趋势，同时在经济、政治政策上的逆全球化态度也愈发明显，如英国脱欧、美国退出TPP、重新协商北美自由贸易协定以及美国对多个国家就进口钢铁和铝征收高关税、对中国约600亿美元的贸易品征收高关税等行为屡见不鲜。各国的经济碰撞，毫无疑问会对正常的预期发展计划造成影响。在我看来，除却客观因素的影响，这种人工施加的主观因素完全是不理智的行为。

那么，我们国家的出路是什么呢？那就是遵从习近平总书记的对外开放思想，大力开拓自己的对外经济发展。说一个大家应该都很熟悉的词汇——"一带一路"。习近平新时代对外开放思想将曾经强调的对外贸易转变为贸易与投资并重，"引进来"与"走出去"并重，并通过"一带一路"倡议来实现这一理念的转变。在这里面，数字经济无疑又是一堆"燃料剂"，当前以信息技术创新为代表的新一轮科技革命和产业变革，正在带来新技术的发展，不断创造出新的产品和服务，为世界经济增长提供了新的增长点，也创造出新的需求。同时，技术创新能够为各国培育新的比较优势，从而增加开放的动力。结合数字经济对世界贸易的渗透衍生，这将是以后的一个重要突破点。

三、经济"放水"与数字经济的关联

"放水"这个词在我们生活中并不陌生，特别是在中国土地资源稀缺、人口众多的背景下。一旦房价出现上涨，"放水"的声音就会出现。实际上，放水只

是我们为了好理解所使用的词汇，严格按照经济学术语来说，放水属于货币政策的一种。而货币政策绝不仅仅是印钞这么简单。

从经济学定义上来说，货币政策是一个国家的货币权威机构（央行）通过控制货币供应量来达到影响其他经济活动所采取的措施。具体来说，包括调节基础利率、调节商业银行保证金、公开市场操作、再贴现窗口等等。所有的这些政策又可以分为两种，一种是扩大货币供给，另一种是减少货币供给。

中国央行选择用什么手段，是扩大还是减少，取决于我们的经济情况。一般来说，如果处在正常的经济繁荣期，那么企业自然会不断借贷进行扩张，到一定阶段，市面上的钱就会过多，物价飞涨，企业生产成本大增。到了这时候，央行就要判断经济是否过热，如果答案是肯定的，就必须出手稳定物价，通常采取提高利率、提高商业银行保证金、公开市场正回购等手段。最近美联储天天喊着要加息，就是因为有太多的美元回流，美国政府必须赶紧把物价压下来的缘故。

反之，如果处于经济衰退期，企业根本不想借钱只想还债自保，央行则要判断此时的经济形势是不是不太好，如果是，就必须出手提高企业信心。这种时候一般会采取降低利率、降低商业银行保证金、公开市场逆回购投放流动性等手段。

举个简单的例子：央行就像一个鱼缸上面的水龙头，社会经济就是这个鱼缸，而企业和个人就是活在鱼缸里面的鱼。水快枯竭了，鱼都要死了，就要赶紧放点水；大家活得都还不错，那就少放点；眼看着鱼缸的水就要溢出来了，那就干脆拧紧龙头，免得鱼缸爆了。

从以上分析可以看出，货币政策是和中国对外经济紧密相关的，特别是在以美元为主导的世界贸易中，资本主义控制的流通货币对我国对外贸易输出是有重大影响的。财经网一篇相关报道指出了美联储"经济放水"对中国的影响：第一，美联储放水会导致美元价值在一定程度上下降，中国持有大量美元的投资人的财富会出现相应的缩水；第二，美联储放水会对中国和美国的进出口贸易和账务产生影响，并且美元兑换人民币的汇率会出现较大的下降。

值得注意的是，中国政府对经济的宏观把控在某种程度上减少了经济产业在货币流通上的损失。得益于中国制度，数字经济在未来的发展仍有可期之处。

四、总结

本文从疫情下的数字经济、逆全球化与数字经济的碰撞、经济"放水"与数字经济的关联三个方面分析了数字经济在当今新时代背景下的未来发展。疫情是中国乃至全球正在经历的挑战，数字经济在这时大放异彩，全球化为数字经济这种本身无地域限制特点的行业提供了发展舞台。针对全球化和逆全球化对经济贸易的影响，中国正用自己的行动突破贸易的封锁。同时本文还创新性地分析了货币政策与数字经济的关联，简要提出了中国制度发展数字经济的优势。

2022 年 5 月 27 日

推荐老师：杨萌

数字经济发展的挑战和机遇

姓名：周晗昱　　　　　　　年级：2018 级
学院：能源与环境学院　　　学号：03218706

"形势与政策"课是引导当今大学生正确认识国际形势、国家政策很好的形式。它对于提高当今大学生的整体素质，增强大学生的责任感和大局观有着重要的作用。在这学期的形势与政策学习过程中，我的收获很多，尤其是对一些现在很敏感和热门的话题有了很多新的看法。我的思想也更加成熟，对问题的见解更加客观。

这学期的"形势与政策"课涉及国际国内形势、国内政策等宏观问题。老师通过滔滔不绝的讲述和丰富多彩的素材让我们深刻地认识到，了解当今局势不仅关系到个人的发展，更关系到整个民族的复兴。而数字经济就是今年各方关注的重要话题之一。

3月5日，李克强总理在作政府工作报告时提出，要加快数字化发展，打造数字经济新优势，协同推进数字产业化和产业数字化转型，加快数字社会建设步伐，提高数字政府建设水平，营造良好数字生态，建设数字中国。中国面向消费的数字化转型走得比较靠前，但是产业数字化转型滞后，服务贸易还有很大发展空间，我们需要进一步推动信息技术跟实体经济的深度融合。制约数字经济发展的有技术、体系、生态、标准层面，还有非技术层面。我们国家核心技术受制于人，会制约数字经济的发展和安全。此外，在数字化的软环境培育方面（包括劳动力的数字化素质和数字资本存量在资本总存量的占比），我国相比发达国家还有很大差距。发展数字经济需要有效市场和有为政府的结合。对传统产业快速地进行数字化转型是未来中国经济发展的一个巨大的、长足的机遇，同时也是巨大挑战。数字经济要发展需要爬坡过坎。三年来我国工业互联网发展取得了非常好的成效，工业互联网不断渗透到各个行业。但在企业数字化转型过程中却面临诸多问题和挑战。而企业数字化转型的阶段效果，是决定数字化转型动作可持续性的关键。

发展数字经济需要有效市场和有为政府的结合，企业是主体，但政府营造的发展环境也必不可少。"十四五"是我们国家社会主义现代化建设的关键时期，也是百年未有之大变局时期，需要高度重视我们国家数字经济发展受制约的因素，加大创新力度，营造发展生态，迎接数字经济发展前所未有的机会和挑战。工业互联网是工业企业数字化转型的一个抓手和必由之路，相对其他发达国家而言，这对于中国可能更为重要。但是工业互联网的发展讲起来容易做起来却比较难。工业互联网要面对不同行业、不同工厂，涉及很多技术和数据层面的难点。有了数据以后，还需要结合工厂的实际进行数学建模。想让生产效率来得更快，最终还是得向数字化、智能化的方向努力。工业互联网需要企业认真地去投入，而且这种投入不仅有金钱，还需要有智力，需要整个工厂的流程进行再造。经过这几年探索，有些企业走得比较好，有些企业总觉得很难进去。现在正是发展工业互联网的一个转折点，因为除了企业自身的发展需要以外，国家也意识到它在新一轮国际竞争中的重要性，所以政府应该更多地发挥在标准、数据、监管等方面的引导作用，对创新生态的支撑作用。尽管数字经济发展面临着很多挑战，但同时也带来了很多的新机遇。

（1）数字经济基础设施建设中，"新基建"带来新机遇。"新基建"的推进，可以解决我国数字经济与实体经济深度融合过程中所面临的基础设施缺乏的窘境，可进一步推动实体经济的数字化与数字经济的普及化，从根本上实现数据要素资源配置的优化。

（2）数字经济与实体经济融合中，价值链重构和供应链管理面临新机遇。利用数字化手段对价值链进行重构，使大规模量身定制成为可能。可通过数字化技术改造传统优势产业，释放数字经济对传统经济的放大、叠加、倍增作用。

（3）数字经济加速产生新产品、新服务，从而带来新机遇。基于互联网平台发展的微创新、微应用、微产品等大众创业、万众创新兴起，广泛开辟了新就业渠道，激发了多元创造。未来，随着5G时代的到来，区块链、大数据、人工智能等技术的发展，数字经济将迎来新的辉煌。

随着技术的不断发展，新机遇让人们有机会分享到数字经济的"红利"。其中靠监管创新获取"红利"有以下几个方面。

（1）把握新基建机遇，厚植数字经济发展根基，抓住算力、数据、普惠 AI 等数字经济关键生产要素，瞄准"建设、应用、安全、标准"四大主线谋划推进，使"新经济"发展具备集网络基础稳固、数据智能融合、产业生态完善、平台创新活跃、应用智慧丰富、安全可信可控等特征于一体的新型基础设施。

（2）拓展新场景应用，全力支持科技型企业创新发展，聚焦人工智能、5G 技术、物联网、大数据、区块链、生命科学、新材料等领域，以应用为核心，通过试验空间、市场需求协同带动业态融合，促进上下游产业链融通发展，推动"新经济"从概念走向实践，转换为发展动能，促进科技型企业加快成长。

（3）挖掘新消费潜力，满足居民消费升级需求，顺应居民消费模式和消费习惯变化，深化供给侧结构性改革，加强消费产品和服务标准体系建设，完善促进消费体制机制，切实增强消费对经济发展的基础性作用，更好地满足人民群众多元化、品质化消费需求。

（4）实施新开放举措，不断提升开放型经济发展水平，发挥服务业扩大开放综合试点与自由贸易试验区政策叠加优势，搭建更高水平的开放平台，着力构建中国特色的开放型经济新体制。

（5）提升新服务效能，着力营造一流营商环境，主动适应新动能加速成长的需要，大力破解体制机制障碍，深化"放管服"改革，全面清理影响市场主体经营准入的各种隐性壁垒，努力打造国际一流营商环境高地。

发展数字经济，不仅是高质量发展的必要，而且是中国实现碳达峰、碳中和的需要，也是中国在新时期必须突破、必须走的路。虽然现在想要预测未来其会发展成什么样的新业态、新生态还为时过早，因为工业跟消费不同，它不一定表现为我们日常看到的各种各样的新业态，但是它一定会表现在整个企业的组织形式以及企业跟外界的协作模式上。我相信在未来数字经济一定能取得更好的发展。

2022 年 5 月 21 日
推荐老师：杨竹山

数字经济下苏州市制造业转型升级对策研究

姓名：胡钱怡　　　　年级：2019级
学院：吴健雄学院　　学号：61519018

在新的经济态势下，人工智能、大数据、云计算、物联网、区块链等数字技术迅速发展，发展数字经济已经成为全球共识。《G20数字经济发展与合作倡议》提出，"数字经济是以数字化的知识和信息成为新的生产要素，借助现代信息网络等载体，最大限度地提高信息通信技术的有效使用率，以实现效率提升和产业结构优化为根本目的的一系列经济活动"，数字经济所具有的渗透性、创新性、规模性、高技术性等特征优势也成了普遍共识。数字经济作为一种新经济形态，主要包括信息技术产业，基于信息技术的新业态、新经济和新模式，以及建立在信息技术支撑和应用上的传统产业。

江苏省苏州市为国务院批复确定的长江三角洲重要的中心城市之一、国家高新技术产业基地和风景旅游城市，全市经济社会发展总体平稳，稳中提质，经济质效持续优化。根据2020年苏州统计年鉴，全市实现地区生产总值19 235.8亿元，按可比价计算比上年增长5.6%。其中第一产业增加值196.7亿元，下降6.6%；第二产业增加值9 130.2亿元，增长5.1%；第三产业增加值9 908.9亿元，增长6.3%。按常住人口计算，人均地区生产总值17.92万元（折合汇率2.6万美元），比上年增长5.2%。同时，苏州市作为江苏省开发强度较高、发展基础较牢固、发展水平较高的城市之一，基础优势明显、制造业数字化潜力大、产业集聚程度高、转型基础扎实。

本文基于统计年鉴中的相关数据,通过最小需求法对苏州市产业结构进行分析,进而对数字经济下苏州市制造业的转型升级措施进行研究,以充分发挥数字经济的高融合性,以及其与制造业融合过程中所表现出的对生产效率的巨大促进作用。

一、苏州市产业结构分析

（一）最小需求法

最小需求法是一种对"基础产业"和"非基础产业"进行分类的普遍方法。最小需求法将城市或区域的就业结构与类似规模的其他区域相比,而不是与全国的就业结构相比。对于规模相似的某一区域,人们可以在另一城市中找出最小的部门就业份额来代表该类规模城市的部门性消费需求,所有大于这个数值的城市部门的就业份额被假定为代表在城市出口产业中的就业。这样,最小需求区位商可写成:

$$MRLQ_{ir}=(E_{ir}/E_r)/(E_{im}/E_{␣im})$$

其中,E_{ir}是给定区域 r 中部门 i 的区域就业人数,E_r是给定区域 r 的区域就业人数,E_{im}是部门就业份额最小地区 m 中部门 i 的就业人数,E_m是部门就业份额最小地区 m 的就业人数。

如果大于 1,表明区域 r 中的部门 i 为"基础产业";如果小于 1,表明区域 r 中的部门 i 为"非基础产业"。

（二）基础产业分析

就国家统计局 2019 年就业人员分行业统计数据与苏州统计年鉴 2020 中就业人员分行业统计数据进行区位商计算。

按照统计年鉴行业划分标准,将行业分为农、林、牧、渔、采矿、制造业等 19 项。苏州市对这些行业分别进行了数据采集与整理,并用最小需求法进行了计算,本文研究所采用数据为就业人口数。

在运用最小需求法对苏州市基础产业进行分析时,不仅根据 2020 年苏州统计年鉴中的就业人员分行业统计了数据,同时选取杭州、西安、武汉、东莞、宁波、沈阳、青岛等城市 2020 年统计年鉴中的就业人员分行业统计数据进行计算,结果如表 1 所示。

表 1 苏州市各行业区位商数据表

行业	就业人数	苏州市商比	区位商
农林牧渔业	494	0.000 169 452	0.724 153 559
采矿业	383	0.000 131 377	0.285 601 524
制造业	1 817 002	0.623 268 22	12.771 889 76
电力、燃气及水的生产和供应业	18 057	0.006 193 914	1.604 848 832
建筑业	89 848	0.030 819 671	0.811 043 962
批发和零售业	130 369	0.044 719 188	1.117 979 708
交通运输、仓储和邮政业	90 950	0.031 197 679	3.119 767 871
住宿和餐饮业	44 151	0.015 144 681	0.625 141 614
信息传输、软件和信息技术服务业	51 975	0.017 828 47	1.782 847 005
金融业	72 736	0.024 949 91	0.903 000 742
房地产业	84 421	0.028 958 1	1.101 068 458
租赁和商务服务业	73 835	0.025 326 89	0.810 652 429
科学研究和技术服务业	40 970	0.014 053 534	0.846 598 42
水利、环境和公共设施管理业	21 504	0.007 376 304	0.707 898 693
居民服务和其他服务业	10 593	0.003 633 612	0.934 090 486
教育	151 698	0.052 035 464	1.097 794 603
卫生和社会工作	87 690	0.030 079 433	0.956 724 973
文化、体育和娱乐业	10 601	0.003 636 356	0.565 793 707
公共管理和社会组织	118 004	0.040 477 745	1.289 100 149
总计	2 915 281		

由表 1 数据得出，区位商大于 1 的产业有制造业，电力、燃气及水的生产和供应业，批发和零售业，交通运输、仓储和邮政业，信息传输、软件和信息技术服务业，房地产业，教育，公共管理和社会组织，共 8 个，这些产业集聚度较高，是苏州市的"基础产业"。其余 11 个产业区位商均低于 1，具有相对弱势，为"非基础产业"。这其中，制造业，交通运输、仓储和邮政业，信息传输、软件和信息技术服务业的区位商具有比较优势，尤其是制造业，区位商约高达 12.77。苏州

市制造业发达，主要分布在南部吴中片区；信息、软件等高新技术产业集中在东部新城。

二、制造业转型升级对策

（一）现存问题

苏州自2017年开始，数字经济指数增速领先于工业总产值和制造业总产值的增速，已成为推动苏州经济发展的重要力量，但实现制造业的进一步数字化转型升级仍存在许多问题。

截至2020年底，苏州市大数据与云计算相关产业规模已达1100亿元，涵盖从数据中心、数据处理、云服务、终端、云存储到云系统集成，以及相关运营业务，全产业链体系初现端倪，但是制造企业总体信息化、数字化水平不高，多数企业内网改造和数字化运行仅体现在企业管理层面，生产层面还远没有实现信息化、网络化和智能化；在支撑工业互联网发展的各产业中，尚缺少整体实力强、全领域覆盖的超大型龙头企业。

在关键技术上，苏州在制造业的业务管理、生产调度和过程控制方面有一定的技术实力，但以自我为中心的传统工业发展思维影响着部分制造业企业，导致互联网企业与制造业企业融合的广度和深度不够。

在人才资源方面，苏州制造业体系完备，工人经验丰富，但跨界复合型人才存在结构性短缺，尤其是当前发展较快的移动互联网、云计算、大数据等领域人才缺口较大，高质量、高学历、高层次人才储备不足，人才队伍的建设受制约。

（二）发展对策

苏州具有深厚的制造业基础和信息、软件等高新技术产业的优势，在进一步推动制造业转型升级过程中，苏州市应充分发挥两者优势，扶持新一代高新技术的发展，通过优化升级对传统制造业进行数字化改造，实现数字技术和传统制造业的有机联动。

在关键技术上，要强化关键技术的突破创新，不要局限于管理的数字化，还要进一步推动设计的数字化、制造装备的数字化、生产过程的数字化，加强数字化与制造业的深度融合，充分发挥其对生产效率的推动作用。

在人才队伍的组建方面，政府应起到良好的促进作用，致力于搭建人才交流平台，完善高层次复合型人才的引入计划与激励机制，扩大人才队伍，与各大高校进行人才的联合培养与引进，通过产教融合，培养兼具理论知识和专业技能的复合型创新人才。

苏州应依托数据驱动、创新驱动、需求驱动和供给驱动，分别引导制造业与互联网、研发端、服务业和新技术深度融合创新，推动产业链、创新链、人才链、政策链相互贯通。

三、总结

本文以江苏省苏州市为例，基于统计年鉴相关数据，通过最小需求法对苏州市产业结构进行分析，进而从产业结构与现存问题出发，对数字经济下苏州市制造业的转型升级措施进行了研究，对关键技术、人才培养等方面提出对策建议。

本文仍存在较大局限性，在最小需求法部分仅选取了数个规模相当的城市进行了数据采集，选出部门就业份额最小地区进行计算，而没有将所有规模相当的城市穷尽，数据来源多为城市统计年鉴，不够完善，易造成区位商计算结果不够精确。在未来的研究中，这些问题还有待解决。

2022 年 5 月 27 日

推荐老师：徐炜

东大智慧助力实现碳达峰碳中和

姓名：龙思贵　　　　　年级：2018 级
学院：公共卫生学院　　学号：42118108

工业革命以来的人类活动，多以牺牲环境为代价换取经济发展，导致大气中温室气体浓度显著增加，引发温室效应，随之带来气温偏高、冰川融化、海平面上升、沿海陆地被淹，以及病虫害加剧等一系列问题。其中许多变化不可逆，给人类生存和发展带来严峻挑战，对全球安全构成长期重大威胁，因此，应对气候变化已刻不容缓。气候变化是人类面临的共同挑战，实现碳达峰碳中和是我国肩负的大国担当。作为全球生态文明建设的参与者、贡献者、引领者，我国努力推动构建公平合理、合作共赢的全球环境治理体系，力争于 2030 年前碳达峰、2060 年前碳中和。要在不到 10 年的时间实现碳达峰、不到 40 年的时间实现从碳达峰到碳中和，一方面要通过政策手段遏制高耗能高排放项目盲目发展，缩短达峰时间和降低达峰值；另一方面又要保持经济社会平稳健康发展，保证能源安全、产业链安全和粮食安全，这无疑是场硬仗。实现"双碳"目标，是大国的责任担当，是人民群众日益增长的对优美生态环境的需求，也是子孙后代的福祉所在。如期实现这一目标，必将为全球实现《巴黎协定》的目标注入强大动力，为构建人类命运共同体、共建清洁美丽世界做出巨大贡献。

二十多年来，"以科学名世、以人才报国"的东南大学一直积极响应国家战略，用实际行动服务国家的碳达峰、碳中和战略，在"碳捕集、利用与封存技术""低能耗高能效先进技术""新能源技术""传统产业减碳技术"等领域率先布局，取得了一大批兼具学术创新和实践价值的代表性研究成果。

东南大学于2000年成立的"混凝土及预应力混凝土结构教育部重点实验室"和于2006年成立的"江苏省土木工程材料重点实验室"始终在高性能、可再生等混凝土材料领域探索，在减少建材用料、降低建材碳排放方面做出了长足的贡献。于2009年获批的"低碳型建筑环境设备与系统节能教育部工程研究中心"主要从事低碳型建筑环境控制、可再生能源建筑高效利用和系统节能等技术装备和材料的研发。于2011年牵头成立的全国土木工程领域里科技部设立在高等院校的第一个国家工程技术研究中心——"国家预应力工程技术研究中心"研发了大量高效节材的预应力结构体系和软硬件产品。于2012年牵头成立的"新型建筑工业化协同创新中心"将实现建筑产品节能、环保、全生命周期价值最大化的可持续发展作为科研的最大主题。于2019年获国家发展和改革委员会发文批复同意建设的"智慧建造与运维国家地方联合工程研究中心"着力解决我国公共建筑、重大能源工程等领域核心基础设施智慧建造与运维产业发展的卡脖子问题。于2020年联合南京市政府、南京国家级江北新区等单位组建的"长三角碳中和战略发展研究院"以更全面、更融合的方式聚焦碳中和领域的政策、技术、产品等，促进碳中和技术成果转化和推广应用。于2021年4月发布的"东大建造云"平台将学校很多关于能耗控制管理等低碳相关技术和软件产品上线，以"示范、服务、合作"为目标为全社会全行业提供支撑。面对已取得的成就，东大并未就此停止奔向"双碳"的脚步。

我国目前的能源结构仍以煤炭为主，能源活动为二氧化碳排放之首，破局的关键在于发展低碳绿色能源。目前，国内新能源产业人才储备远远未能跟上整个产业的发展速度，众多投身新能源的企业与高校均面临迫切的人才需求。为此，东南大学结合学科专业特色与优势，成功申报新能源科学与工程本科专业，为我国节能减排要求的不断提升和可再生能源产业的迅速发展提供人才支撑。除完善自身人才培养体系外，东大还通过加强高校间的合作交流，推进"双碳"目标。

技术创新是推动能源革命和产业革命、支撑实现碳达峰碳中和的核心驱动力。大学作为推动人类进步的重要力量，肩负着应对全球挑战、引领时代发展、助力全球社会实现"双碳"目标的历史使命。高校在推进这场广泛而深刻的经济社会系统性变革中，承担着科学研究、人才培养、社会服务的职能，在促进我国绿色低碳转型发展的过程中责任重大。2021年4月，"华东八校"共同发起组建"长三角可持续发展大学联盟"，共同签署了《长三角可持续发展大学联盟章程》。

联盟将围绕可持续发展领域，充分发挥长三角高校学科优势，通过资源共享、课题共担、学分互认和人员互聘等新机制，在人才培养、科学研究、社会服务、国际交流、咨政建言等方面开展广泛合作，为示范引领长三角地区、全国乃至全球可持续发展贡献智慧和力量，并在强化产学研合作、促进低碳技术推广应用、实现企业绿色低碳高质量发展等方面达成共识。

此外，东南大学放眼世界，深入推进世界大学之间的合作交流，全面开展碳中和科技领域高水平人才联合培养和科学研究，主动加强应对气候变化的国际合作。2021年10月，东南大学和英国伯明翰大学共同发起成立"碳中和世界大学联盟"，目前成员单位来自全球33所顶尖高校，并成功举办第一次线上会议。此次论坛以"实现零碳排放：未来主要研究挑战"为主题，受到了国内外高校、能源工业界及相关行业领域的广泛关注和参与。来自中国、英国、俄罗斯、阿联酋等国的专家、学者、学生等约3万人次线上参会，与会人员围绕新能源利用、储能、CCUS、新材料等多个领域，积极探讨实现全球"碳中和"的路径、机遇与挑战。

据统计，建筑行业的二氧化碳排放量约占社会总排放量的40%，是节能减排的重点对象，而准确计算每一个建筑物的碳排放是实现我国建筑业碳达峰碳中和的基础性、先导性工作。国内研究尚处于起步阶段，使用国外软件有被"卡脖子"的风险，因此，开发拥有我国自主知识产权的轻量化建筑碳排放计算分析软件具有显著的紧迫性和开创性。东南大学依托土木、建筑等教育部第四轮学科排名A+的优势学科群，以及多年来在绿色低碳可持续领域的研究成果，依据国标《建筑碳排放计算标准》GB/T51366-2019，自主开发了国内第一款轻量化建筑碳排放计算分析专用软件——"东禾建筑碳排放计算分析软件1.0版"，通过中国质量认证中心（CQC）认证，获得国家版权局颁发的计算机软件著作权登记证书，受到社会各界普遍的好评和广泛的应用。为适应时代需求，"2.0版"于2022年3月正式对外发布，进行了重大功能升级，为建筑业全产业链从业人员提供便捷、精准的建筑全生命周期碳排放计算和分析工具。其转化实践，有助于我国建筑业"双碳"目标的实现，支撑我国建筑业的转型升级和高质量发展。

"双碳"目标任重道远，东大也一直在以实际行动响应碳达峰、碳中和战略，期待在不远的将来，东大智慧结出更丰硕的果实。

2022年5月21日

推荐老师：杨竹山

碳中和、碳达峰视角下的中国经济发展

姓名：尹璇　　　　年级：2021 级
学院：人文学院　　学号：13A21802

　　改革开放以来，中国经济进入高速发展阶段，经过三十余年的经济高速发展，中国经济社会面貌得到了极大的改观。目前，我们的经济发展已然从高速度发展阶段转入高质量发展阶段，进入经济发展新常态时期。新常态应有新面貌，新常态应有新要求。无论是遵循我国五大发展理念中的绿色发展理念，还是从我国生态文明发展的实际出发，抑或是积极承担大国责任，我们都应该转变原有的资源利用低下、碳排放量高的粗放型经济发展模式，选择新发展模式，推动全面绿色转型升级，从而加快形成清洁、高效、绿色、安全的现代治理体系，更好地促进现代经济发展。

一、中国经济发展方式回顾

　　中国经济发展的过程，其实也就是中国碳排放方式发展转变的过程。首先需要明确的一点是，经济发展方式的演进具有阶段性，每一个经济发展时期都必然有符合其相应工业化阶段的生产特征。在工业化前期和中期，当人们迫切发展经济的需求和物资匮乏、生产力低下、自然资源丰富的客观现状相矛盾时，人们为了追求经济发展的高速度，会自发地转向依靠人力和资源的高投入高消耗来追求一定量的成果，但这种发展方式虽然扩大了生产规模，实现了经济的一定飞跃，却是粗放的、落后的、高消耗的、效率低下的、污染环境严重的。当生产管理水平不断提升，自然资源逐渐趋向短缺、环境问题逐渐严重的时候，人们会自发地转向追求现代化的、清洁的、集约高效的生产方式。

我国的经济发展历程便是上述内容的具象化体现。在新中国成立初期打下坚实的工业化基础之后，至改革开放时期，我国都选择了粗放型经济发展方式。从改革开放以来，我国为达到解决温饱问题、基本实现小康的目标，借助廉价劳动力充足、第三次大规模国际产业转移的良好内外部优势条件，以生态环境为代价，实现了经济的高速发展和人民生活水平质的提升。

然而，伴随着全球变暖等一系列全球生态共性问题和国内生态环境持续恶化等严重问题，中国不得不且必须转变自己的经济发展模式，以应对气候变化、改善人居环境。在这条路上，中国做出了许多尝试。从"低碳经济""绿色经济"到如今2030年实现碳达峰、2060年实现碳中和目标愿景的提出，这些都是中国力图转变自身经济发展方式，助力经济迈入高质量发展新阶段的奋力尝试。

二、碳达峰碳中和愿景提出的时代背景

2020年9月22日，习近平主席在第七十五届联合国大会上发表讲话指出，我国将力争于在2030年实现碳达峰、2060年实现碳中和的目标远景。这一讲话为我国应对气候变化问题，促进经济高质量发展指明了新的方向。

然而根据中国碳核算数据库披露的数据显示，我国2020年煤炭在全国能源消费总量中的占比仍然高达56.8%，煤电发电量占比仍然高达50.2%，碳排放量增长至99.3亿吨，再加之我国尚未完全实现工业化进程，单位GDP碳排放量远高于许多国家，碳达峰碳中和愿景的实现之路可谓困难重重。然而我们必须认识到，碳达峰碳中和目标表层上似乎是与碳排放相关的限制目标，实际上是对我国以高污染高排放为标志的能源体系的一次挑战，是我国经济进行系统性变革的目标，是对几十年来所选择的粗放型经济发展模式的一次全方位的彻底改革。我们需要这次变革，需要以它为抓手实现中国经济的绿色转型。

三、碳达峰碳中和愿景的实现路径

实现我国碳达峰碳中和这一愿景，需要多个渠道多个方向的共同努力，也需要全社会从上到下、从内到外的全身心支持。

首先，从行业角度来看，根据《中国建筑能耗研究报告2020》中披露的数据可知，2018年我国建筑全生命周期能耗总量占全国能源消费总量的46.5%，几近半壁江山，二氧化碳放总量占全国能源碳排放量的51.2%。毫无疑问，建筑行业的降碳工作是全国降碳工作的重中之重。为促进这一愿景的实现，建筑行业必须不断改革创新，不断推进新型绿色材料的推广使用，并大力发展循环经济，二次利用全行业之中的二氧化碳，使其转化成有价值的附加产品，提高资源利用效率。要坚持用系统的观念去看待和处理问题，实现全行业的高效利用和减排。

其次，从社会角度来看，这一美好愿景的实现离不开整个社会的良好互动，这一互动是政府、企业、个人三方内部的两两良性互动，更是三者作为社会整体的良性互动。一方面，服务型政府有出台制定相关规划、政策的职能，整个经济社会的低碳良性发展离不开政府的规范和督导，而这些规范和督导也需要具体的企业和个人去执行；另一方面，企业和个人作为经济社会生活中不可或缺的主体，需要参与到整个碳中和愿景中来，而这种参与如果仅仅依靠自发性自觉性，显然是不够的，在这种时候，政府的激励和推动就显得尤为重要。只有三者实现良性可持续互动，方能更好地促进碳中和目标的实现。

最后，从理论角度看，我们需要专门的理论机构对相关实施路径进行探讨研究，指明前进方向。2020年12月11日，东南大学"长三角碳中和战略发展研究院"揭牌。这是东大积极响应党中央相关政策要求，更好助力碳中和美好愿景实现和经济社会实现高质量健康发展的重大举措，为碳中和愿景的实现贡献了东大力量。此外，东大和伯明翰大学还联合发起了碳中和世界大学联盟，希望借助各大学基础研究和学科交叉的优势，加快构建大学碳中和人才培养体系，为应对全球气候变化提供了人才储备军。

四、总结

习近平主席在第七十五届联合国大会上发表的讲话不仅是对于碳达峰碳中和美好愿景的展望和倡议，更隐含着对过去经济发展方式的回望和反思。从粗放型经济发展方式到集约型经济发展方式，从追求高速度发展到追求高质量发展，从提倡"时间就是金钱，效率就是生命"到迈出探索碳中和的可行方式的步伐，我们一直在追求更好的经济发展方式。如今我们立足当下，带着碳达峰碳中和的思考去回望，我们既能看到过去经济发展的亮眼效率，也要从中发掘出经验教训，为我们接下来的经济发展提供更多的有效参考。

2022年4月27日

推荐老师：杨竹山

新冠疫情对大学生就业的影响及解决措施

姓名：蒋可意　　　　　　年级：2018 级
学院：电子科学与工程学院　　学号：06018505

  2020 年末，一场来势汹汹的疫情打乱了所有人的脚步，这次疫情是新中国成立以来面临的极其严峻、防控难度极高的一次公共卫生事件。我国火速采取各种措施，力求将损失减到最小，然而疫情汹涌，"缠缠绵绵"到 2022 年，全世界仍旧不能放松警惕，一不留神新冠病毒就会卷土重来。在新冠病毒的威胁下，大学生经常不得已在宿舍或是在家上网课，自 2020 年以来的几届大学生都亲自体验了一把"家里蹲"大学。

  由于新冠肺炎疫情的肆虐，为保障学生的生命财产安全，谨防疫情扩散，国家教育行政主管部门及各高校经常采取各种紧急措施，一旦发现有阳性病例，就立刻准备限制人员流动，各种校园招聘活动也一度被迫停止。

  在这种情况下，即将毕业的大学生无疑面临着很严峻的就业压力。而且由于新冠疫情波及了世界各地，有统计指出，考虑到自己的人身安全，高校毕业生选择出国出境的人数大大下降，很多人选择考研或是直接找工作。在这种情况下，考研人数激增，竞争压力增大，导致的结果就是大批考研失利的人也加入到"找工作"大军。又由于新冠疫情的影响，国内外许多企业都受到不同程度的打击，据《新民晚报》的《疫情下中小企业现状：短期停工冲击尚可控，成本上升等令人忧》文章报道，有高达 93% 的受访企业表示疫情对其生产经营活动产生不同程度的不良影响。这也导致就业岗位有所缩水，激化了面临就业的大学生僧多粥少的困境。

关于疫情对大学生就业的影响，我认为有如下几个方面：

其一，大学生就业的成功率在疫情影响下必然有所下降。

很多企业在疫情的冲击之下面临困境，是因为大家都被封控在家，消费水平、消费时间、消费能力都有不同程度的下降，使得发展实体经济相对困难。而在很多情况下，特别是在实体经济相对社会消费很重要的情况下，这将产生很大的影响。此外，很多企业不仅谨慎地用工招聘，甚至选择裁员。这也是可以理解的，因为如果企业想维持生存，就要减少使用人力资源。另外，根据教育部公布的数据，2022年高校毕业生人数为1076万，比2019年增加100多万，创历史新高。因国外疫情加剧，就业机会和学习机会大量减少，迫使大量留学生选择回国就业。据统计，2018年海外归国毕业生为51.9万人，2019年和2020分别达到58.03万和80万人，数量增加非常迅速。由于疫情的影响，部分准备出国留学的毕业生也不得不选择在国内直接就业。再加上往年没有就业沉积下来的待就业高校毕业生，就业竞争更大。在这样的背景下，大学生找到工作的难度大大升高。

其二，大学生创业的实现变得困难。

也许很多大学生想自己创业，但实际上连一些之前做得风生水起的企业现在都受到很大冲击，白手起家的大学生只会面临更多的困难。而且大部分大学生创业主要集中在一些含金量较低的传统行业，但是现在许多企业和行业为了实现自身发展，不得不转向传统产业。像餐馆，过去主要从事实体餐饮，但现在也从事外卖，实际上压缩了大学生创业的空间。

其三，疫情影响了大学生的就业创业观念。

长期的疫情难免会让人感到压抑，甚至很多大学生在看到目前形势的严峻之后，丧失了就业的信心和创业的激情。实际上，这些年来，大学生的整体就业意愿都有所减退，更有人意识到创业的艰难，完全没有了创业的意愿。这些都在很大程度上影响了大学生的就业创业工作。

在这种情况下，选择考公考编的人越来越多，因为收入比较稳定，可长期这样下去肯定是不利于社会发展的。

关于降低新冠疫情对大学生就业的负面影响，我认为有下面几个措施可以采取：

首先，可以多开展就业教育，将大学学到的理论知识转变为实际经验，提高大学生的就业技能和创业能力。这一点我认为不管有没有因为新冠疫情都应该大力推广。因为学校提供的就业课程只教授了一些基本的求职就业技巧，很难从实际上提高大学生的就业创业能力。希望通过改变原有的单向灌输的就业教育手段，提高大学生的就业能力，激起他们的就业意愿。

其次，目前新冠疫情形势有所缓和，高校应尽可能抓住机会联系企业开展校内招聘会，多方利用现有的资源和力量，吸引企业来学校进行招聘，千方百计地为大学生解决就业创业问题，降低疫情给大学生就业带来的不利影响。也可以邀请企业来校开展宣讲会，或邀请一些优秀毕业生回校向同学们传授就业经验。

再次，各个部门要有条理地联合起来，为大学生就业提供保障。就业是民生之本，是学校人才培养的最终目标，学生能否顺利就业关系到学校各项事业的发展。学校可以积极地与当地政府等部门进行协调合作，充分调动一切积极因素来共同解决大学生就业创业的问题。在实际的工作当中，作为从事就业指导管理的部门，要做好精细化服务管理工作，可以多加宣传，尽可能地提高大学生就业的意愿，为大学生就业创业提供良好的保障。

最后，从大学生个人来看，要尽力避免新冠疫情负面消息对自己身心的影响，树立正向的就业观念，要有克服困难的勇气与决心，尽可能抓住一切机会让自己发展得更好，为社会发展做贡献。

目前，已经处于后疫情时代，应届生在剩余的在校时间中，要把握好学习及实践机会，增强自我核心竞争力。在把握企业需要的同时，也要不断学习进步，培养自己的专业技能，提高心理素质，提升自身的创新性和不可替代性。只有这样，才有可能最大限度地减缓新冠疫情对就业带来的负面影响。

2022 年 5 月 22 日

推荐老师：杨竹山

新型零工经济下互联网平台对于劳动的异化
——以"数字劳工"为视角

姓名：王丁玎　　年级：2021级
学院：法学院　　学号：13A21109

近年来，零工经济逐渐抓住了大众的眼球，也吸引了大量学者对其进行研究。在网络化、数字化、虚拟化的现代社会，互联网平台为零工经济的发展提供了媒介，有利于劳动者寻找更多的工作机会；但是平台在充当"桥梁"时，也在隐蔽地异化劳动者的劳动。一些新闻媒体过于追求点击量和曝光率，会迫使撰稿人变成"标题党"，故意夸大或者扭曲事实；一些电商为了追求更高的效率，压榨劳动者的创造力，侵占劳动者的私人休息时间，将人当作机器来看待；一些视频网站为了吸引更多的用户、赚取商业利益，推送具有较高商业价值或是紧跟热点的视频，使一些制作精良、有内涵的视频"石沉大海"……这些现象都体现了互联网平台对于劳动的异化。因此，对其展开相关研究具有很强的现实意义，也是互联网用户们应当关注和警惕的事情。

一、零工经济与数字劳工

（一）零工经济的发展

"零工"一词由来已久，从本质上来看，零工是一种雇主和雇员间的短期雇佣模式，也曾被称为"短工""临时工"等。古时的零工经济重点强调用工时间的长短，常使用短、帮、助、客等词，尽管有的帮工、助工属民间互助且没有正式的雇佣合约或仅仅有口头约定的用工形式，但也存在雇主和雇员的两方模式。

按传统意义传承下来的零工经济更强调用工合约的规范化和变化性，如临时、小时、钟点等，仍然延续雇主和雇员的两方模式。

在信息化时代下，随着互联网平台和传播媒体的快速发展，企业的用工模式也随之改变，传统经济下的企业雇佣规则被打破，区别于旧式零工经济模式，平台等新环节被引入了新型零工经济之中，基于网络技术形成了雇主、雇员、平台在内的三方模式及以众包和按需服务为代表的工作模式。

零工经济并不是一个新的概念，如今之所以受到极大的关注，是因为它的影响涉及社会各个阶层的工作，同时也涉及与网络高科技相关的公司。在此经济模式下，员工从受雇于雇佣者变成了受雇于自己，从过去对"企业忠诚"转向对"职业忠诚"。企业将整体性的工作变成分工明确的"碎片"，并且借助平台传播出去，个人可以选择符合自身技能和需求的多个工作，在同一时段领取多份工资。

（二）数字劳工的形成

马克思主义思想体系中有一个重要的概念：劳动。马克思认为："劳动是人和自然之间的过程，是人以自身的活动来中介、调整和控制自然之间的物质交换的过程。"货币转化为资本的基础是劳动力，劳动将人与其他的动物区别开来，是人类的基本生存方式。

1977年，加拿大传播政治经济学学者达拉斯·斯麦兹富有创造性地提出"受众商品"这一概念。他认为观众观看电视是推动传媒产业资本积累的过程，并且指出马克思主义传播学一直以来忽略了观众在资本增值过程中所扮演的角色。后来随着互联网的快速发展，"数字劳工"一词由传播学者N.Dyer-Witheford在1999年提出，作者用此表述高科技劳动力的分工问题。福克斯在《数字劳动与卡尔·马克思》这本书中给"数字劳工"下了一个较为清晰的定义："数字劳工是电子媒介生存、使用以及应用这样集体劳动力中的一部分，他们不是一个确定的职业，他们服务的产业定义了他们，在这个产业中，他们受资本的剥削。"

随着大众传媒、文化产业、互联网的发展，工业社会向着信息社会转变，越来越多的工作与信息、传播、知识生产有关，各种非职业性的价值创造也都被纳入资本主义劳动体系之中。制造业、服务业的生产过程随信息技术普及和全球化程度提高而被网络化，网络不光物化了生产工具，还催生出一种新的生产方式，"一种可以把非物质劳动集腋成裘，再转化为资本积累的生产活动"。在这种情况下，数字劳工不仅被剥削了物质性的劳动，并且自己的时间、精力、情感也在受到数字经济的剥削。

二、互联网平台对劳动的异化

（一）劳动动因异化

进入网络时代，资本利用互联网平台对劳动者进行了更为隐蔽的剥削，劳工在资本规定的制度体系下劳动，在不知不觉中受到剥削。西方的政治经济学学者用"数字劳工"一词来体现数字时代对于劳动者的异化。数字资本主义模糊了劳动和娱乐的界限，利用劳动者的一切情感、时间来赚取利益。

如今有很多广为人知、受年轻人欢迎的视频分享平台，在这些公共平台里存在很多的 UP 主，即视频创作者。在平台刚刚起步时，原先作为平台观看者的 UP 主因其想要表达自己的所思所想或者单纯地想要分享自己的日常生活，便开始自己制作视频，以分享和热爱为动因，将自己制作的视频发布在平台上，对于视频内容感兴趣的人可以给视频投币、点赞、收藏，或者将其转发到自己的社交媒体上，吸引更多的人来观看这个视频。久而久之，平台慢慢成为庞大的社区，由一个个有着不同兴趣爱好的分区组成。UP 主在投稿后收到的反馈和鼓励是支撑他们继续做出更高质量视频的巨大动力。UP 主在平台获得的心理满足感分为三个层面——人际交流的满足、知识技能提升的满足、劳动成果得到肯定的满足。根据马斯洛需要层次理论，这些满足感让 UP 主获得了个人价值的实现。

这些数字平台从成立至今，一直不断地探索着数字变现的方式。首先，虽然很多平台不存在视频网站的那种贴片广告，但是平台的主页和 UP 主的视频下方有很多的商业广告。如果 UP 主愿意在自己的视频下方放入广告链接，那么就可以得到广告费，并且视频被推上主页的概率会更大。其次，平台存在的以商业价值为导向的内容推荐机制并不利于 UP 主创作。一些制作精良的视频因为不符合当下的潮流趋势和商业价值，最后只能石沉大海，因此 UP 主们为了能够让视频获得更多的流量，被更多人看见，有意或是无意地让视频内容变得符合商业发展的需求，结果是 UP 主的劳动动因改变了，他们不再纯粹地从自己的热爱和兴趣角度出发制作视频，而更多地是为了迎合市场的发展，为了符合平台的利益需求，从视频创作者沦落为"数字劳工"。

（二）劳动时间异化

从表面上来看，数字劳工在互联网平台上劳动，逃离了实际生活工作中上下班打卡和领导的监督，实现了对于时间的自我掌控，应当有着较为轻松的生活状态。但实际上，网络平台利用算法和管理机制对于劳动者的剩余时间进行了无声剥削。经济学家斯麦兹提出了"垄断资本主义之下无休闲"的观点，他认为除了睡眠时间，其他都是工作时间。这一观点揭示了互联网平台对于劳动时间的异化。平台一方面给予劳动者支配时间的权利，另一方面让劳动者将这些时间变成了"剩余劳动"，人们休闲娱乐的时间和工作的时间之间的界限变得模糊，生活空间和工作空间被合并。

网络作家作为"网络劳工"中的一员，深受劳动时间异化之苦。网络作家们每天都必须花费大量的时间进行写作，这样才能完成平台规定的更新任务，而且在追求速度的同时还要追求质量，否则无法在众多的网络作品中脱颖而出吸引更多的读者。这样做的代价就是，除了睡眠的时间，作家无论身处何处，在做何事，脑中永远在构思着小说的情节，想着距离交稿时间还有几个小时，这给作家们带来巨大的精神压力，让他们整日活在平台规定的更新任务之下，失去了私人娱乐和休闲的时间。作家在这种压迫性的劳动之中，即使写出了高流量、高点击的网文也并不一定会肯定自己，并不一定会感到幸福，而是会有一种压抑和不满足的感觉，他们的工作并不是自己想象的那么美好与自由，而是生活在互联网平台的"枷锁"之中。

（三）劳动产品异化

随着数字化时代的到来，新的受众形态和经济模式被媒体环境催生，1980年，未来学家阿尔文·托夫勒在《第三次浪潮》中首次提出"产消合一"，预示在第三次浪潮中消费者被卷入传统生产部门，生产者与消费者的界限逐渐模糊的趋势。网络用户在享受免费的网络数据和资源的同时，也在生产着各式各样的产品，具有消费者和生产者的双重身份。"不仅他们本身成为商品被出售给广告商，他们劳动的产品也会被平台提供者再次商品化出售。"

劳动动因的异化很大程度上导致了劳动产品的异化。一些网络作家在追求名利的氛围中，很难精心构思出如《长歌行》《平凡的世界》这样的经典著作，一些网络作家的写作在统一的生产原则下呈现出趋同化、低俗化的特点，一些UP主的视频制作亦是如此。

在网络刚刚发展时，每个生产者都大胆地表达自己的观点和作品，但随着网络生产机制和商业化模式的规制逐渐成熟，创作者们开始有意或是无意地跟随网络的热点创作，人们喜欢消费的内容成为创作者们的创作导向，当众多数字劳工都紧跟潮流生产产品时，他们的劳动产品变得千篇一律、单调乏味。

三、总结与反思

近年来，互联网平台不断发展壮大，侵入了每个人的生活。互联网平台在为我们提供便利性、丰富性的背后隐藏着对不计其数的"数字劳工"的异化和压榨。

平台虽然给劳动者们提供了更为丰富的劳动选择和劳动空间，也为创作者们提供了自我表达的场所，但是其商业化机制会让每个"数字劳工"的劳动都被消费主义裹挟，陷入资本的陷阱。平台为了让自身利益最大化，会过度地压榨劳工的价值和情感，这样并不利于长期发展，也不利于社会健康稳步地前进。平台需要在用户需求和商业利益之间找到平衡，找到合作共赢的可能性，打造出有利于维护劳动者创作生产的环境，获得长期有效的发展。对于互联网平台剥削异化劳动的情况，需要我们每个人进行关注和反思，关于如何有效地解决这一问题，还需要更多人投入精力与时间进行更加深层次的研究与"冷思考"。

2022 年 4 月 29 日

推荐老师：杨竹山

新冠疫情背景下"新零售"新业态创新发展的机遇、挑战与应对策略

姓名：石商祎　　年级：2021 级
学院：人文学院　　学号：13A21219

近年来，在全球化进程中，突发性重大公共卫生事件发生频率上升，防控和治理疫情成为当代国家与国际组织面临的棘手问题。WHO 报告的 6 次"国际关注突发公共卫生事件"，均对世界经济造成了严重的冲击，带来全球范围的经济风险与灾难。

新冠疫情在短期内同样对部分行业造成很大的冲击，但与我国历史上疫情出现后零售业受影响较大的情况不同，2016 年后出现的零售行业新业态——"新零售"在传统模式充满风险和挑战的消费市场中突围，迅速发展，逆势而上。

笔者认为这种情况的出现与我国经济社会的发展息息相关，有利于提高我国社会经济在疫情时期的抗风险能力和稳定性。因此，笔者结合目前学习的经济专业知识，浅谈当前形势下，我国经济社会新业态"新零售"的发展形势与持续发展策略。

一、"新零售"的内涵及发展动因

（一）"新零售"的内涵

早在"新零售"理论出现之前，我国就已经有了诸多"新零售"在实践上的发展。"新零售"理论认为，未来的零售势必发展为"新零售"且只存在"新零售"，其唯一实现方式是物流、线上、线下深度融合。此后，研究者从不同的视角对"新零售"的内涵进行了阐释，如表 1 所示。

表1 "新零售"概念界定

学者(年份)	定义
王宝义（2017）	"新零售"是零售本质的回归，是在数据驱动和消费升级时代，以全渠道和泛零售形态更好地满足消费者购物娱乐、社交多维一体需求的综合零售业态
杜睿云（2017）	"新零售"是指企业以互联网为依托，运用大数据、人工智能等先进技术手段，对商品的生产、流通与销售过程进行升级改造，进而重塑业态结构与生态圈，并对线上服务、线下体验及现代物流进行深度融合的零售新模式
赵树梅（2017）	"新零售"是区别于传统零售的一种新型零售业态，是指企业应用先进的互联网思维和技术，对传统零售方式加以改良和创新，以最新的理念和思维为指导，将货物和服务出售给最终消费者的所有活动

与传统零售单一的线上或线下销售方式不同，"新零售"最大的亮点在于线上、线下和物流的跨界融合，使得商家与消费者付出的时间、空间成本均缩小，同时消费者享受的服务所属的时间、空间的范围扩大，其构建的跨时间、跨空间的消费场景切实地提高了客户的消费体验感。

（二）"新零售"的发展动因

"新零售"的发展是对传统交易方式的变革，单纯的电商平台和单纯的实体零售店向"新零售"模式转变，必然存在现实层面的内外动因，由此，笔者结合我国特殊国情对新零售的发展动因进行了简要分析。

（1）互联网红利萎缩，传统电商显现"瓶颈"

近年来，我国曾经因为互联网迅速发展、移动终端数量急剧上升而为传统电商提供的超大规模市场以及流量红利，正随着互联网的普及而逐渐萎缩。传统电商线上零售遭遇"天花板"。根据国家统计局提供的数据，连续三年中国网上电商零售额增速下滑，全国网购增速以每年下降8~10个百分点的趋势发展。在互联网红利渐退的背景下，传统电商企业亟待变革寻找出路。

（2）消费升级带来的结构性需求变化

传统零售采用单一且相互独立的线上或者线下的渠道，在消费过程的体验和感受上有"先天不足"的缺陷，使国内零售行业遭受挑战。而电商提供的单一线上购物带给用户的消费体验感明显不及线下实体店购物。由于没有真实的购物场景，用户消费时间短、速度快，使用户产生消费过程的缺失感。

近年来，我国人均可支配收入不断提高，消费者更追求优质消费体验、愿意为美好生活买单。消费升级带来了消费的结构性需求变化。此外，以"80后""90后"为代表的一批新兴中产阶级崛起成为社会的中流砥柱，他们大多接受过高等教育，注重自我提升与自我价值的实现，他们的消费观具有理性化的趋向；相比价格，他们更在意性价比以及与之相对应的商品质量。为了追求更高质量的商品和服务，他们愿意付出更高的代价。在这种情况下，传统电商价格相对低廉的优势随着购物关注点的转移而逐渐丧失。

消费升级带来的结构性需求变化日益凸显，通过探索运用"新零售"模式，升级商品品类、品质，服务体验成为零售业发展的题中应有之义。

二、新冠疫情下"新零售"的新机遇

笔者认为，从宏观上看，新冠疫情虽然一定程度上冲击了我国社会经济的常态化发展，却也为"新零售"的发展提供了新的机遇。新冠疫情的暴发在时间上与春节假期有很大程度的重合，加之后续动态清零的常态化管控，居家防疫的要求压抑了旺盛的线下消费需求，人们重要的娱乐方式中的外出聚餐、旅游等都难以实现，此时，以生鲜电商为代表的典型"新零售"产业得到发展，一定程度上弥补了群众受到抑制的刚性物质需求和精神文化需求，使"新零售"热度持续推高。

（一）技术支撑：疫情下新基建的推进

新冠疫情作为一场外部性的突发重大卫生公共事件，在应对过程中间接推动了高新技术的迅速发展，为"零售业"发展提供了技术支撑。面对疫情对社会经济的负面影响，政府通过采取扩张性的财政支出来追求总需求的回弹。2020年以来，"新基建"一词在多场中央会议中频频出现（表2）。长期发展中新基建技术效益的外溢，为新零售发展提供了有力的基础。

表2 新基建相关会议

时间	会议名称	会议内容
2020.1.3	国务院常务会议	大力发展先进制造业，出台信息网络等新型基础设施建设投资支持政策，推进智能、绿色制造
2020.2.14	中央全面深化改革委员会会议	基础设施是经济社会发展的重要支撑，要以整体优化、协同融合为导向，打造集约高效、经济适用、绿色智能、安全可靠的现代化基础设施体系
2020.2.21	中共中央政治局会议	加大试剂、药品、疫苗研发支持力度，推动生物医药、医疗设备、5G网络、工业互联网等加快发展
2020.2.23	中央统筹推进新冠肺炎防控和经济社会发展工作部署会议	智能制造、无人配送、在线消费、医疗健康等新兴产业展现出强大成长潜力。要以此为契机，改造提升传统产业，培育壮大新兴产业
2020.3.4	中央政治局常务委员会会议	要加大公共卫生服务、应急物资保障领域投入，加快5G网络数据中心等新型基础设施建设速度

（二）环境改善：疫情冲击被有效缓解

国内在疫情防控中采取了严格有力的防疫举措，坚持动态清零方针，有效缓解了疫情冲击。全国复工复产速度快，大中小企业开工率高。宏观经济环境的改善表明经济受疫情负面冲击的跌势减缓，有利于扭转消费者对疫情时期经济的悲观预期，增强了消费者的消费信心，为新零售的发展提供了较好的外部环境。

三、新冠疫情下"新零售"行业面临的挑战

新冠疫情下的特殊社会环境给"新零售"行业带来了催化剂，"需求激增、消费者范围扩大、产品品质提升，获得了飞跃性的发展。可以乐观地预测，随着人们消费习惯的养成、市场投资规模的扩大，"新零售"在技术实践、时空场景和生活模式中的优势会长期存在。但是挑战与机遇并存，笔者认为，想实现可持续发展，必须认识这些挑战。

（一）营销理念未更新，体验场景化互动缺失

便于为消费者营造良好的消费体验场景是"新零售"的优势之一，但受传统零售更注重单次买卖成功与否的交易营销理念影响，目前多数商家的消费场景流于形式，用户消费体验尚未实现场景化，商家难以和消费者建立长久的战略合作关系，消费者的体验不佳。原本新冠疫情为"新零售"行业提供了获得大市场流量的宝贵机遇，但在缺乏对产品、服务监控把关的情况下，买卖双方都无法受益，行业更无法长足发展。

（二）物流渠道受阻碍，供应链有中断风险

全球化大背景下，生产要素国际化，国内的产业链条与国外存在高度关联。而疫情在全球的蔓延使国际航空运输、海洋运输等渠道受到阻碍，海外部分产业的停工、停产、停运以及物流成本的上升使我国部分对国外供应链有较强依赖性的供应链条产生不确定供给甚至有断供危机。

四、后疫情时代促进"新零售"持续发展的相关思考

当前，"新零售"行业发展势头良好，处于快速发展阶段，成为引领后疫情时代零售业发展的新动能。对于当前形势下我国如何把握好"新零售"发展的机遇，处理好"新零售"发展中的挑战，笔者认为需要重视以下几个方面。

（一）加快新基建，扩展发展空间

"新零售"要想长久可持续发展需要填平中国城乡的数字鸿沟，将行业的发展空间在地理范围上从城市扩展到城镇，下沉到农村地区。

"新零售"作为一种新兴经济模式,在网络基础设施更优化、配套服务更完善的大城市发展速度更快。而乡村以传统行业为主,数字化基础薄弱、信息基础设施落后,形成了虚拟经济与实体经济难以融合的数字鸿沟,使"新零售"市场难以下沉到农村及偏远地区。要推动"新零售"在后疫情时代持续发展,必须加快科技导向的新兴基础设施建设,补齐农村基础设施建设短板,为"新零售"行业营造高效、高质、范围广的网络场景以及更大范围的发展空间。

(1)借力政策,推进信息基础建设

国家对"新基建"重视程度高,2018年以来,以高新技术为导向的信息基础建设就已经被列入国家打造现代化基础设施的重要议程。在应对新冠疫情负面影响的过程中,我国政府更是采取扩张性财政支出方式,发展以5G、物联网、人工智能为代表的新基建来对冲疫情冲击;统筹全局,积极推进新一代基础设施建设,利用政策督促相关部门因地制宜落实建设举措,做好整体导向,释放网络基础设施建设的溢出效应。

(2)惠及城乡,助力全民体验"新零售"

在《乡村数字发展战略纲要》中,数字乡村是乡村振兴的战略方向,是建设数字中国的重要内容。对于"新零售"而言,数字乡村建设有利于开拓更广阔的供需市场。从疫情带来的挑战来看,乡村基础设施建设不完善带来的城乡数字鸿沟仍有待缩短。需要加大对农村地区的资源倾斜,普及云计算、5G网络、物联网等新基建,完善农村地区物流系统,减少新零售行业在农村发展中的流通障碍,在提高乡村居民生活水平的同时,推动"新零售"发展。

(二)创造新供给,提高产品质量

新冠疫情在为"新零售"行业提供发展机遇的同时,也对行业的供给内容和供给方式提出更高要求。供给质量的好坏决定着行业消费者的黏性,也决定着行业是否能够可持续发展。目前,"新零售"行业存在平台硬件服务器质量不高、产品内容品质不尽如人意的问题。后疫情时代,"新零售"要实现持续高质量发展,需要行业在积极创造新供给的同时提升产品服务质量。

疫情期间的隔离效应为消费者消费新习惯的养成创造了可能性。只有能够提供优质的供给内容,才能在此时激烈的市场竞争中吸引并培养"长期战略合作用户"。想要最大化发挥"新零售"线上线下联动的优势,要推进"智慧社区"布局的构建,打造智能化的零售业供给渠道;利用云计算、大数据,及时把握用户需求变化,调节供给内容和供给方式,为消费者提供高品质的产品和服务。

（三）管理供应链，提高抗风险能力

新零售从供应、采购到供应链物流都依赖于完备的供应链体系，对于疫情中出现的供应链梗阻甚至中断风险，需要加紧构建供应链弹性管理机制和预警体系。弹性管理供应链有利于加强供应链的稳健性和可恢复性。

一方面，弹性管理的供应链具有较强的抵御能力，在发生危及供应链条的突发性事件时，能够最大化规避风险或者最小化中断的破坏程度；另一方面，弹性管理的供应链具有较强的恢复能力，受中断的供应链能够快速反应并进行有效的自我修复，回到原初的稳定状态。

零售企业需要及时把握变化，据此调整供应链运营。在市场端，要防控市场订单波动、分销物流梗阻、销售渠道中断等风险；在供应端，要注意渠道中断、供应商经营状况不佳、供应物流阻碍等问题。要同时对于市场端和供应端进行风险管理，准备充足的可流动资金，预防风险冲击下的经营困难期。

五、总结与展望

通过"形势与政策"课程，我对国内外的形势与政策有了更深刻、更全面、更真实的认知。虽然课堂时间并不长，却使我受益匪浅、感触良多。"形势与政策"课作为学校思想政治理论课的重要组成部分，是对我们学生进行形势政策教育的主要渠道、重要阵地，帮助我们掌握正确分析形势的立场和观点，在我们大学生的思想政治教育中担负了重要的使命，具有不可替代的重要作用。

课程中，笔者印象最深的部分是中国经济社会发展。作为一名倾向于选择经济专业的大一学生，笔者在日常的专业知识学习中，往往注重书面知识、计算、分析技能的培养学习，几乎是"两耳不闻窗外事"，很少将知识与我国当下社会经济的发展状况进行联系。而形策课对于我国当下经济社会发展的讲解却给了笔者启发：在学习专业知识的同时，要联系当下时事，让知识为实践服务。

因此，出于笔者的专业倾向以及对社会经济领域的兴趣，此次课程论文写作笔者选择了中国经济社会发展这一大方向。而又因笔者认为"新零售"商业模式作为当前推动零售业创新发展和促进消费升级的关键着力点，对于疫情期间的社会经济发展起到了极大的积极作用，所以笔者对于这一新业态的发展进行了分析与探索。这次写作过程也使笔者对于新零售这个领域有了更深刻的认识，对于疫情之下中国经济的发展有了更切实的感受，对于笔者自身未来的发展方向有了更明确的规划。这种利用自身所学思考社会有何事可做，将理论知识融入实践之海的过程，正是笔者感受作为当代大学生在校园实现自我价值的重要途径。

笔者切身感受到，形策课的学习是当下大学生打开格局、放远目光、开阔胸襟、增长胆识的重要方式。疫情让笔者惊觉生命之脆弱与受限，却也感受到人类生存繁衍的无限可能。无论是疫情还是任何困境，现实生活的客观束缚不是缩小格局的枷锁，有视野就有格局。作为当代大学生，我们既要贯彻落实中央有关精神，关注热点问题，掌握正确分析形势的立场、观点和方法，读懂吃透政策的原意同时灵活变通，具备创新能力；也要顺应形势与政策，发展自我，结合自己的优势找到自己的发展目标，制定切实可行的方案，努力奋斗，培养把握形势与政策的胆识，实现自身的大理想、大发展。

当今国内外形势风云变幻，21世纪的中国面临着前所未有的挑战和巨大的机遇。当代大学生作为推动社会和历史前进的重要力量，要正视我国面临的机遇和挑战，坚定信念，振奋精神，努力学习，将个人的梦想融入中国梦、民族梦，为实现中华民族伟大复兴贡献自己的力量。笔者将努力保持昂扬的状态，以饱满的活力、充溢的热血，从东南大学出发，带着新时代青年人的气魄，到心之所向的领域发挥才干、匡扶天下，点燃世界的火花。

2022 年 4 月 27 日

推荐老师：杨竹山

第四部分
东 大 记 忆

回望大学四年

姓名：魏雅轩　　年级：2018级
学院：医学院　　学号：41118105

正如我在毕业论文致谢中写的那样，"青春是一条疯跑的狗"，我像一个转动的陀螺一样在忙忙碌碌中度过我的大学四年，普普通通甚至有些索然无味的大学时期，但又是充实的、充满意义的四年光阴。在此，想要漫谈一些大学的收获和体会。

我首先在大学"结束"了我的梦。大一时为了转专业到建筑系，一趟趟地骑着自行车来回九龙湖北门的画室，在那里度过许多个周末、许多个没有课的下午，画了几十张画；在图书馆里看建筑专业课程教材、学习著名建筑师的作品；也在假期到江西婺源去采风。虽然最后和转专业擦肩而过，但似乎我也不曾遗憾，好像在用一年的时间去完结我年少时的梦，而不必须实现它。虽然并未实现，但同样是一个圆满的梦。

我也在大学做了我自己的"英雄"。要说整个大学做过的最有意义的事情，就是2020年夏天的社会实践了。疫情原因，我们当时未返校，于是便有了做一个关于性教育的社会实践的想法。我生活在小镇中，人们把性当成禁忌话题。同我一样，镇上的孩子们大多没能在合适的阶段接受合适的性教育。我和其他学院的三位不曾认识的同学也因这一份热忱聚集了起来。我们设计了关于家长和学生的两份问卷，并自制符合三个不同年龄阶段的幻灯片，在我们当地的一家补习机构进行调研和性教育讲座。作为唯一在当地的人，我负责宣讲。宣讲筹备过程中，也受到一些家长的责难，但看到映着幻灯片的光的孩子脸上的求知与好奇，我有了接受所有不同声音的强大能力。在小镇中长大，我深知有一些孩子被性侵害着而不知如何保护自己。所以，只要我们的努力警示了其中任何一位家长，教会了其中任何一位孩子自我保护，我们的社会实践就已经圆满完成了。尽管力量渺小，但我从未放弃所想。

我在大学成为更加成熟的大人。大学给我带来最大的改变，应该是心态，无论是对待事物的心态还是对待人际关系的心态。我常常笑话自己是顶着巨大的压力出生的，才会在这短短二十年内不断给自己施压。初高中时，我被升学的压力不断推着往前走，始终保持着高压状态，情绪和高三时口腔里反复的溃疡一样，长了又破、破了又长，让我对于自己的一点点退步都不能接受。虽然这一份冲劲让我走出小镇，但也给我带来很多问题。大学逐渐改变了我的心态，把我从焦躁、紧张转变为张弛、平和。虽然仍有着学业的压力，但我不会再因为分数的得失而情绪起伏，能够更加轻松地学习。而在人际交往方面，我也学会了社会性的人际交往，不会因为不必要的交往问题影响自己的情绪，能够更加平淡看待人们性格的差异。健康成熟的心理应该是稳定的、情绪可控的，这样才能让人在生活和工作中更加轻松。

我在大学学会理解父母。我的大学虽然是平淡的，但也是丰富的，从转专业到保研，是我的父母在支持着我的每一个选择。青春期时，我们常将自己性格的缺陷归因于父母的教育，以一种偏执的角度看待家庭。同父母比较我们和别的孩子一样，我们也会不自觉地将父母与别的父母做对比。而当我进入大学，能够以一个成年人的思维去与父母交流时，我才真正理解了他们的不易。曾看到一句很好的话："要学会辩证看待自己父母。"绝大多数的父母都是普通人，他们可能并不能够面面俱到，但他们的爱是真诚的。我曾经觉得我的压力来源是父母的无意施压，但当我真正要面临研究生学习的时候，他们对我说的最认真的话是：如果觉得辛苦就不必苦苦支撑。比起我的未来能走到怎样的高度，他们仍最希望我能够快乐地生活，他们能做的往往是最大限度地支持我，尽管这种支持有些时候在我眼中成了压力。一个人的性格虽是由家庭教育打好基调，但随着我们年龄的不断增长，我们的人生怎样更多地是受我们自身的控制，一味地责怪父母实际上是一种自私的逃避行为。而我们的父母往往却在不断地学习成为我们更好的朋友、更好的倾听者。

我在大学学会选择。大学最重要的一个议题当是选择，是选择少年时的建筑梦，还是选择现在的专业生物，又或者是选择一些别的职业，这是我整整纠结挣扎了三年的事情。这些挣扎让我不坚定地往前走，并不断质疑自己学习的目的。其实这是很多人都曾有过的挣扎，又或者说还有更多人并不知道自己要走怎样的路，只是走一步算一步。最慢的步伐不是跬步，而是徘徊；最快的脚步不是冲刺，而是坚持。庆幸的是，我最终从这种挣扎中走了出来。因为，无论做哪一种选择，我都有所尝试。大一投入在转专业考试中，尽管最后以失败告终，但我不怀遗憾地熄灭了这个梦；后来又因自己究竟适不适合生物专业而苦恼，直到我投入科研项目中，认识到自己对科研的喜欢，最后选择了继续深造。如果没有放下偏见去尝试，心理的不投入也会反馈到工作上再恶性循环地反馈到心理上。我们不该执着于虚无的梦，无论做出哪种选择，最该做的事情都是去学习、去尝试，挣扎的心理带来的除了恶劣的情绪再无他物。人生短短几十载，其实不必害怕失去，毕竟失得总是守恒，只要努力去做，就一定会有所成长、有所收获。

　　我们所遇见的人和事造就了现在的我们。我未虚度青春岁月，去尝试、去失败、去改变，看似四年匆匆而过，但却收获了硕果满满。结尾，想要再述陪伴了我近十年的成吉思汗的一句话："不要因路远而踌躇，只要去，就必到达。"

2022 年 5 月 21 日

推荐老师：杨竹山

非标准结课作业

姓名：张雨盂　　　　年级：2018 级
学院：公共卫生学院　学号：42218109

　　当杨老师讲到，这次的结课作业"可写意，可泼墨，可工笔"的时候，我决定，不再去写那些其实我并没有什么深刻看法的国家大事了。连着两学期，我非常巧合地都分到了选择澳门问题的组里，不过两次的课堂展示内容有很大的区别。大四上学期，我选乡村振兴这个主题写了结课的论文。文章的结尾是，"我生长在城市，我和我的父辈经历着城市化的过程，看着城市一天天拥挤，看着农村萧条，在新闻里看农民工讨债，看农民的小孩在城市没有学上，听农民工说'这个城市是我建造的，可是我却没有容身之处'。在寒假回家的列车上看五十岁左右的大叔提着塑料桶，背着一大包东西，挤着列车返乡过年。随着乡村振兴的发展，随着农村的产业一步步进步，随着一些大学生接受过良好的教育和新潮的思想后回到农村深耕发展，我们会看到农村一天天变好。是一代又一代党员的责任和担当，让村庄迅速发展，村民的生活水平越来越高。就像现在我的父母羡慕农村大别墅的宽敞，青山绿水的生态和农家小菜的香甜一样，城市和农村都在彼此的赛道上越来越好的发展。"这是我在一次社会实践里调研后的真实感受。不过，如果可以选择的话，我还是想写一写我对这门课的感受，写一写我在东大这四年的感受。

　　形势与政策，2 学分的课程分成了 8 学期来上，每一次只有 0.25 学分，一学期上 4 周，一周一次课，有过网课、有过论文，这让我每学期都有一次机会在老师的课堂和同学们的展示里了解一些国家大事，促进思想政治觉悟的提高和对时事政治的了解，这是课程的目的，从我自己的感觉来说，我也达到了这个课程的要求。每一学年8次课，不同的老师有不同的方法，这之中伴随着我们演示水平的提升，伴随着我们资料检索能力的提升，伴随着我们小组合作的优化，伴随着我们走完了四年。

在结课作业要求里，老师写道，"毕业在即，诸事劳心，只言片语，皆是心情。鹏程万里，祝君如愿！"一度引起了我强烈的不想毕业的心情和真的很舍不得的想法，虽然在这段时间里，因为毕业设计和一些毕业相关的材料时常焦头烂额，每天都呐喊着好想毕业、快点回家。

高中的想象里，大学是象牙塔，是自由和青春。不过入学以后，军训是又累又苦。但我印象最深的从来都不是烈阳和训练，而是一位老师讲了这样一句话："军训将会是你们大学四年或者五年里最轻松的时候。"现在回望我的本科四年，确实是这样的。我们受到了新冠疫情的极大影响，我们大半的时间都被关在学校，因此而搁置的、荒废的时光和事情，将是我永远的遗憾。在这四年里，我听了很多的讲座，有人文讲座，讲天理、国法和人情；有听不懂的讲座，讲小火箭……有校友论坛，有学界大牛，在前辈们的成功和艰苦奋斗里受启发。我参加了不少志愿活动，和袁一璋爷爷、解建云奶奶三年多来时常交流，可惜袁爷爷突发意外去世，我会永远怀念。我参加了很多的社会实践，但因为疫情，没有什么机会线下完成。还参加了一些科研训练，我在好几次心得里写下：这是我第一次科研，这是我最接近科研的一次大学生科研训练计划……但写毕业论文时依然焦头烂额写不出来。我有过一些实习，在早晚高峰奔波忙碌，体验职场节奏，感受生活的毒打，但其实并没有完全体会生活的苦。在升学的重压下，我很幸运的在9月确定了下一站要去的地方，憧憬着不一样的生活，也畏惧着这样的未知。贯穿始终的是，我上了很多有趣的课程，有我大一最为期待的医学相关课程，虽然那一学期充满着网课；有医学伦理学，依然是我心中当之无愧最喜爱的课程；还有医疗保险的专业课，背过很多的名词解释，也一步步更为了解这一庞大又复杂的体系，这将是我未来三年的研究方向。最后，我结识了很多的人，有风趣且个性的专业课老师们，有性格各异但相处很好的室友们，有短暂接触的伙伴们……不知道是谁说过的，大学时人的经历都会影响"三观"的形塑。而我在东大这四年的生活也一定会给我留下一些印记，属于东大学生的印记，只是我现在可能没有发现。

写到这里，一度想要重新打开一个文档，回归我认为或者说形势与政策结课作业本来应该有的样子，写一些对国家大事的看法，把这个随便放在哪个文件夹里落灰吧。因为我发现上文实在杂乱，思维无比跳跃，看不出来行文结构，这放在初中作文里该被痛骂一顿了。不过想想，还是这样写下去吧。好像我还没有被要求写一下对本科四年的回顾，如果这次不写，也许就要写在毕业设计的致谢里了，不过那里要写很多的感谢，空间并不富余。其实形势与政策这门课，当它成为我本科最后一节课的时候，天然被赋予了一种象征意义，更何况它陪伴了我本科的每一学期。我在军训结束后发现，以后不会再见到那些教官了；在一门课结束后，这个老师本科给我上的课就全部结束了。这和以前的生活完全不一样，但形策还是一样的，这学期上完，下学期还会上，虽然老师会变动。

我在 2022 年 5 月 18 日晚上八点结束了我本科最后一堂课，杨老师在课堂结尾说的是"欢迎同学们常回东大看看"。

2022 年 5 月 22 日

推荐老师：杨竹山

了解国内外形势 争做时代好青年

姓名：王旭星晨　　年级：2021 级
学院：外国语学院　　学号：17121105

2021 年，国内正处于"十四五"开局之年，全面从严治党深入推进。即使疫情防控形势严峻，我国仍在共产党的领导下稳定发展经济，致力于完成中华民族伟大复兴的中国梦，努力实现祖国统一。然而，当前国际局势动荡，尤其是俄乌冲突爆发，也让我们看到了这个世界并不和平。作为新时代的青年，我认为了解国内外局势有利于我们更好地发展自己，努力做时代好青年。

2014 年，习近平总书记首次提出"全面从严治党"。2017 年，习近平总书记在党的十九大报告中再次强调"全面从严治党永远在路上"。4 年的时间里，我真切地体会到全面从严治党在思想、作风、反腐等方面的措施。令我体会最深的还是反腐从严：中国共产党坚持以零容忍态度惩治腐败，坚持"老虎""苍蝇"一起打。同时，国内各种影视剧等也在宣传新时代中国共产党人的反腐主张，《人民的名义》和《扫黑风暴》令我印象最为深刻。根据真实事件改编的电视剧《扫黑风暴》，贺芸最终的落网不禁让我赞叹如今国家反腐的力度之大和效率之高。同时，国内近年来党员发挥的模范带头作用也让我无比赞叹。面对河南洪水灾情、各地疫情暴发等危急时刻，党员永远冲在最前方。每每看到这种情景，我都会泪目，感叹中国共产党的纪律严明与党员无私奉献的精神，对他们只有无限的崇拜与尊敬。

学期初，我被推选为优秀团员和入党积极分子。在辅导员找我谈话时，她告诉我，她的一个同学在报名做辅导员时被派到苏州校区。就在那时，我第一次如此清晰地感受到党员身上重大的责任，就在那刻，我觉得我在直面这份沉重的责任。我内心的第一想法是：我能承担这种责任吗？如果遇到类似情况，我能欣然接受安排吗？仔细思考过后，我对辅导员作出这样的回答："我认为既然同学们信任我，把我推选为入党积极分子，那我一定不能辜负他们对我的信任。""党员"这个词不只是一种光荣的身份，它还意味着更多的责任。如果我选择成为一名共产党员，就不能只享受它的光荣，更重要的是要承担它带来的责任。现在虽然我只是积极分子，我也仍然愿意以党员的身份要求自己，努力学习专业知识，帮助他人，无私奉献，向党员前辈们学习。我认为我说的完全不是空话套话，而是内心的真实想法。也正是这次谈话，让我真实地体会到党员的责任之重大。我诚惶诚恐，但仍然会在这条路上执着前行。

2022 年，正值东大百廿校庆，作为东大青年，我成功入选了东大一百二十周年校庆志愿者。我认为我应该更加严格要求自己，在和平有序并充满幸福感的社会中努力提升自己，努力为这个社会作出自己的贡献，努力在这个时代中做一名有使命感的向上青年。

我们要充分认识到国际环境中的冲突不可忽视。近年来的中美贸易战和最近发生的俄乌冲突让我们清楚地体会到世界局势的动荡。同时，我也领悟到：这个世界上，没有一个国家可以依靠打压别的国家永保第一名，相反，想要领先，只有致力于发展自己的国家。与此同时，我认为世界上的国家都应该向中国学习，致力于构建人类命运共同体，而不是争当世界霸主。在这个世界上，我们要和平不要战争，我们要发展不要遏制。既然蓝天很美，我们就不要炮火；既然花儿很香，我们就不要因为任何理由而错过。

最后，我想说的是，五年前，我成为同龄人中第一批共青团员，站在学校的礼堂里的团旗下大声宣誓："我志愿加入中国共产主义青年团，坚决拥护中国共产党的领导，遵守团的章程……勤奋学习，积极工作，吃苦在前，享受在后，为共产主义事业而奋斗！"我一直严格要求自己努力学习、心怀天下，我也一直在这条路上坚定地前行。在今后的日子里，"家事国事天下事，事事关心"也是我对自己的要求，我要不遗余力做新时代的好青年。

在这里我也非常感谢杨老师在课上的倾情讲授。您严谨的态度让我倍受感染，在准备汇报时也查阅了大量资料，力求准确犀利，抒发内心的想法，同样也学到了很多知识。我也很欣赏您严肃中带着些许幽默的授课方式，您是位可爱的老师！

2022 年 4 月 25 日

推荐老师：杨竹山

世界变局中的东大学生使命

姓名：周午凡　　年级：2019 级
学院：法学院　　学号：25019116

毛老师在课程中讲到，目前世界大变局加速演进，我国正开启全面建设社会主义现代化国家的新征程。我不禁思索，在时代的洪流中，我们青年学子又能为中华民族伟大复兴进程做些什么呢？

年初，我加入了东南大学至善学子宣讲团。在本文中，我将结合自己的所知所学、所思所感，以一个东大学生的视角来讲述在当下的世界变局中，东大学生肩负的时代使命。

一、以至善涵养家国情怀

"家是最小国，国是千万家"，家国一体是中华文明的特质与内核。无数中华儿女以民族大义为念，以家国天下为重，矢志追求"为天地立心，为生民立命，为往圣继绝学，为万世开太平"的崇高境界并为之奋斗。在上世纪初期，东大的无数前辈先贤勇担民族大义和强国使命，开启了东大人探求真理、化育英才、追逐至善的历史序幕，并较早成为南京地区马克思主义的传播中心和宣传共产主义信仰的革命摇篮。

1923 年 8 月，中国社会主义青年团第二次全国代表大会在四牌楼校区梅庵召开，毛泽东同志代表中共中央出席并致辞，瞿秋白、恽代英、邓中夏等革命先驱参加会议，成为南京和我校宝贵的革命文化遗产。

新时代，东大同学更应该秉承中华文化基因，树立远大理想抱负，以"止于至善"

的精神境界涵养家国情怀，把个人梦、家庭梦融入国家梦、民族梦之中，扎根人民，奉献国家，始终与国家共命运，与时代共融合。

二、以共享拓展国际视野

"不拒众流，方为江海。"当前，人类社会正处在大发展大变革大调整时期，人类交往的世界性比过去任何时候都更深入、更广泛，使命担当的边界也更为宽广。在三江师范学堂时期，东大深受日本师范教育模式影响，任教的日本教习多达29人；郭秉文老校长毕业于美国哥伦比亚大学，是中国第一位教育学博士，1921年正是他借鉴美国现代化大学的模式创建了国立东南大学。

当前，我国正为推动世界和平发展、构建人类命运共同体贡献自己的力量。因此，东大同学更应坚定自信、胸怀天下，树立开放共享的理念和思维，发扬中华文化崇尚的四海一家、天下为公精神，努力以更高的站位和更远的视野不断提升全球引领力，为走近世界舞台中央积累能量。

三、以创新引领未来

创新是引领发展、引领未来的第一动力，在当今的世界变局中，西方国家对我国高新科技进行了封锁，华为就受制于芯片的加工设备，可见科技创新实力在大国的竞争中不容小觑。

历史上每一次科技和产业革命都深刻改变着世界的发展态势和基本格局。当前，伴随着第四次工业革命日趋深入，5G、人工智能和物联网时代如期而至，已深刻改变人类生产生活方式和思维模式。实践证明，科技创新和强国崛起与发展无一不依赖教育质量与发展能力。

一代代东大人敢为人先，勇于创新，赢得了"以科学名世"的广泛赞誉。比如首任工科主任茅以升是我国第一个独立造桥的中国人，创办我国首个地学系的竺可桢是近代地理学和气象学的奠基者；在杰出校友中，吴健雄被誉为"东方居里夫人"；任新民、黄纬禄等被授予"两弹一星功勋奖章"，王澍获得"建筑界诺贝尔奖"普利兹克奖。

近年来，东南大学在多个战略性新兴产业领域自主创新，为国家重大战略领域和工程作出了积极贡献。东大学子也应该传承东大"以科学名世"的勇气和智慧，苦练自主创新本领，真正以创新进、以创新强、以创新胜、以创新引领未来。

四、以奋斗造福人类

"如果我们选择了最能为人类福利而劳动的职业，那么，重担就不能把我们压倒，因为这是为人类而献身。"马克思17岁时选择了为人类造福。

当前，面对人类文明发展面临的新机遇新挑战，中国以负责任的大国，提出共建"一带一路"、构建人类命运共同体等主张，为解决人类面临的重大问题指明了方向，并将通过建设一个和平发展、蓬勃发展的中国，造福中国人民，造福世界人民，造福子孙后代。

东大近年来参与载人航天工程、第5代移动通信技术、AMS空间科学实验、500米口径球面射电望远镜和南极科考等方面的探索，也正是我们为造福人类作出的行动和贡献。以不懈奋斗和自觉行动，努力为世界贡献更多的中国智慧、中国方案、中国力量，在建功时代、造福人类中创造价值、成就大我，是东大学子的责任所在。

五、树立远大理想，矢志建功新时代

传承"止于至善"校训精神，引领大爱风尚，追求崇高境界，努力成为一流人才。家国担当是我辈青年永恒的价值追求，我们应当从百年沧桑中感悟东大精神，找寻东大人成长的"营养"，担好新时代的责任和使命。

目标决定未来。在2021年的全国科技创新大会上，华为创始人、总裁任正非表示"感到前途迷茫，找不到方向"，他的理由是"华为正逐步迈入行业的无人区：无人领航，无既定规则，无人跟随"，出人意料，令人深思。在未来的人生道路上，我们也许同样会面临着因为找不到目标和方向而"迷茫"的困境；是否有引领未来的目标、有超越他人的方向，决定着未来能否成为领航者，并获得竞争优势。在国家深入推进创新驱动战略，渴求精英人才、期盼创新人才的新时代，我们应争做引领国家未来的领军人才，勇于树立为社会、为国家、为人类进步奋斗的宏伟目标，把个人的成长与祖国的命运和时代的使命融为一体。

作为新时代的东大青年，我们应当传承东大"以科学名世"的勇气和智慧，苦练自主创新本领，真正以创新进，以创新强，以创新胜，以创新引领未来，以不懈奋斗和自觉行动，努力为世界贡献更多中国智慧、中国方案、中国力量，在建功时代、造福人类中创造价值、成就大我，为青春无悔和接续奋斗的人生征程储能蓄力。

2022年5月27日
推荐老师：毛惠西

后 记

为贯彻落实《教育部关于加强新时代高校"形势与政策"课建设的若干意见》（教社科〔2018〕1号）的要求，进一步提升"形势与政策"课教学的针对性、时效性和实效性，东南大学紧紧围绕如何提升"形势与政策"课吸引力进行了一系列具有东大特色的改革创新建设。东南大学严格按照教育部规定保持"形势与政策"课四个年级一贯制、不断线教学、全员协力共建，面向国际形势变化和国家战略需求，开创了"专题式线下面授＋启发性课堂研讨＋多元化线上讲座"相融合的教学模式，充分推动团队整合，深化学科交叉融合，已初步形成了"形势与政策"课的东大特色和东大品牌。

《学思集》工作量大、出版时间紧，评审专家付出了极大心血，经过多轮认真审阅、评选、商讨、修改和完善等环节，最终付梓出版。需要说明的是，《学思集》从学生提交论文、主讲教师推荐、评审专家审稿、出版社校对出版，已过了一段时间，尽管其间形策政策不断发生变化，但不影响我们深入认识和把握东南大学学子在"形势与政策"课上的真切思考与独到见解。

《学思集》的付梓出版，要感谢学校党委、党委学工部、教务处、各学院领导们和老师们的关心与支持；感谢学校党委以更高的政治站位和强烈的政治责任感推动"形势与政策"课程建设，特别是左惟书记亲自挂帅主抓"形势与政策"课建设的顶层设计与具体部署，充分发挥"形势与政策"课立德树人的关键作用；感谢东南大学党委学工部和各学院领导们对"形势与政策"课教学工作的持续助力与支持；感谢马克思主义学院领导们和老师们在本书编录中给予的无私关怀和耐心指导，特别感谢杨竹山老师、刘宁扬老师对《学思集》的精心策划；感谢各位主讲老师以认真负责的态度推荐学生们的优秀论文；感谢东南大学出版社的严格把关以及叶娟老师在排版编辑中的辛勤付出，是您们共同赋予了《学思集》无尽的温暖与强大的力量。

　　希望《学思集》出版，加强对优秀学生作品的宣传与推广，激发学生们对"形势与政策"课程的思考与探索，广泛而持久地产生吸引力、感召力、引领力，这也是我们做这件事的初衷。恳请各位专家学者们和广大读者朋友们对《学思集》不当之处予以批评指正，我们将竭尽全力予以补充完善。

《学思集》编委会

2024.3.19